NOVEL LOVERS' DIARY

小説 ラヴァーズ ダイアリー

PARCO出版

CONTENTS

第1章　2016年　秋

「恋のはじまりの情熱は、どれくらい続きますか？」

ぽつり、ぽつり。

頭のてっぺんに、雨が落ちてきた。

「うわ、サイアク」

駅からマンションまでの道を歩いていたわたしは、眉をひそめて、夜空を見上げた。帰りの電車の中からはぼんやりと見えていた月が、雲に覆われている。

朝、テレビで確認した天気予報では、今日は1日くもりだと言っていた。気象予報士の言葉を信じて傘を持ってこなかったのに。

今日は、一緒に暮らしている春樹が定期購読している建築専門誌の発売日。右肩にかけたバッグには勤務先の書店から買ってきた雑誌が入っている。ずっしり重いので、バッグが肩に食い込みそうだ。左手にはさっきスーパーで買った品物が入ったエコバッグ。マンションまではあと10分。もうこの場にエコバッグと、ついでにバッグの中の雑誌も放り出して帰りたい！

わたしは今、横浜市内のJRと地下鉄が乗り入れる駅にある書店に勤めている。みさき書店という大型書店で、今はコミック売り場の担当をしている。今夜は出版社の営業の人との飲み会だった。終電ギリギリで帰ってきて、駅のそばにある、深夜1時までやっているスーパーに駆け込んだ。

「本日はご来店ありがとうございました。またのご来店をお待ちしております」

急かすようなアナウンスが流れる中、買い物カゴにベーコン、卵、キャベツ、トマト、野菜ジュース。そして、どうしようか迷った挙句、閉店間際で半額になっていた牛肉のこま切れを1パック、カゴに放り込んだ。レジで精算中、味噌が切れていることを思い出して「ごめんなさい。お味噌取ってきます」と売り場に戻った。

「こういう客って迷惑なんだよね〜」

味噌売り場に戻りながら、思わず呟いた。心の中でレジのお兄さんに平謝りしつつ、本日のお買い得、と書いてある味噌を手に取ってレジに戻り、精算してきた。

「お味噌なんか買わなきゃよかった……」

エコバッグの底に入れた味噌が、だんだんと重みを増してきている。雨に濡れ、ぶつぶつ言いながら歩いていくわたしの横を、相合傘のカップルが追い抜いていく。スタイルがよく、今風の格好をした女性は、わたしと同じ年ぐらい。腕を組んだ男性の顔を見上げながら、幸せそうな笑顔を見せている。彼女が手にしているブランド物の小さなハンドバッグを見ていたら、なんだかたまらなく惨めな気分になった。


「ただいま」

玄関を開けて、小声で家の中の様子をうかがうと、リビングの隣にある寝室の引き戸は閉まっていた。春樹は眠っているみたいだ。ということは猫のハチも寝ているので、誰も出迎えてくれない。

それにしても。

もう日付も変わっている時間だし、春樹が眠っていることはかまわない。でも、玄関が真っ暗なことにイラッとしてしまう。わたしが帰らないうちは、玄関の電気を点けておいて、といつも言っているのに。

キッチンの床にドンとエコバッグを下ろし、ポストからとってきた郵便物をテーブルの上にドサリと置いた。栗山春樹様宛と南千尋様宛の、同じ通販会社からのカタログがある。一緒に住んでいるのだから1冊でいいのにと思いつつ、どうでもいいのでそのままにしてある。

はあ、と大きなため息をついたとき、引き戸が開いて春樹が起きてきた。

「あ、ごめん。うるさかった?」

「ううん。本読みながらうとうとしてた。今、帰ったの?」

寝ぼけ顔で目をこすっている春樹は、ぐずっている子どもみたいだ。

「そう。行きたくもない2軒目つきあわされるし、おかげで雨降ってきちゃったし、スーパーでたくさん買い物しちゃったしでさんざんだよ。今日は『近代設計』の発売日だったからさらに重いし」

はい、とテーブルの上に雑誌を出す。

「ごめん、連絡くれたら自転車で迎えに行ったのに」

たしかにそう。買い物をし過ぎて荷物が重いとき、春樹は自分が家にいればいつも迎えに来てくれる。春樹の自転車にはカゴがないから、ハンドルにひっかけて、そうじゃないときは春樹が荷物を持ってくれて、わたしが自転車を押して帰る。

「あ、うん。寝てると思ったから」

「雑誌は別に急いでないから、飲み会とかがある日は持って帰ってこなくていいよ」

春樹にやさしい言葉をかけられて、嫌味を言ったことが恥ずかしくなる。そして気がつくと、春樹はエコバッグから買ってきたものを出して冷蔵庫にしまっていた。

「いいよ、やるから。春樹、眠いんでしょ。起きてこなくてもよかったのに」

「歯、磨いてなかったから」

「じゃあ歯、磨いて早く寝なよ」

つっけんどんな言い方になっていることを反省しつつ、明日は春樹と同じ時間に起きて朝ご飯を作ろう、そう決めた。最近、春樹とはすれ違いで、朝起きたら春樹はもう出勤していて、帰ってきたら春樹はもう寝ている。1LDKしかない空間に暮らしていて、よくここまで顔を合わせずにいられると思うほどだ。

設計事務所に勤める春樹は土日が休み。書店勤務のわたしは、土日は出勤することが多い。一緒に暮らし始めたときは、仲良くふたりで買い物してご飯を作って……なんていう甘い生活を思い描いていたけれど、現実はこんなものだ。

「おやすみ〜」

歯を磨き終わった春樹が寝室に戻っていく。

一緒に暮らし始めてからすぐ、大型文具店に出かけ、カレンダーを買った。春樹とわたし、ふたり分の予定が書き込めるようになったのを選んで、ふたりで予定を書き込んだ。とくにわたしは午前10時から夕方6時までの早番、午後1時から閉店時間の9時までの遅番、営業時間すべてに出るフル番があるので、翌月のシフトが出るとすぐに書き込んだ。ふたりの休みが合う日はハート印をつけて一緒に出かけた。

春樹がカレンダーに縛られない生活を好むとわかったのは少し経ってからのこと。会社帰りにふらりと美術館や映画館に立ち寄ったり。休みの日はプロレスを観に行ったり、ひとりで自転車に乗って1泊旅行に出かけたり。自分が気ままな自由人なので、わたしにも干渉しない。そのせいか、カレンダーもだんだん意味がなくなって、同棲生活3年目の今年は買わなかった。棚の上に、わたしが職場からもらってきた売れ残りの卓上式のカレンダーを置いてあるだけだ。

わたしは冷蔵庫にストックしてある栄養ドリンクを一気飲みした。雨に濡れたから本当は髪の毛を洗いたい。でも今から髪を洗ってドライヤーをかけるなんて面倒くさい。シャワーはもう明日の朝にしよう。とりあえず洗面所でメイクを落とし、寝室に向かった。

寝室にはシングルベッドが2つ並べて置いてある。3年前、一緒に暮らし始めたときにそれぞれがこれまで使っていたベッドを持ち込んだ。ふたつベッドがあっても、わたしは春樹の脇の下にもぐりこんだり、背中にぴったりとくっついて寝るのが好きだった。

でも今は……。隣のベッドを見ると、丸く盛り上がった掛け布団の上には、ハチが陣取っている。わたしはふたつに折りたたんであった自分の掛け布団に入って、眠りについた。

「おはようございまーす」

次の出勤日、事務所で後輩の望美ちゃんに声をかけられた。

「先輩、昨日のお休みはどこか行ったんですか？」

雑誌売り場担当の彼女は入社2年目の24歳。4つ年下だけど、3人姉妹の長女のせいかしっかりしていて、プライベートでも仲がいい。

「ああ。久々に布団干したよ」

わたしは自虐的な笑みを浮かべた。

「え、それだけですか？」

地味ですね、と、望美ちゃんが笑う。

「だってもう起きたらお昼頃でさ。ひとりで出かけるのも面倒だったし」

「まあ、そうなりますよね。じゃあ豪華な夕飯作って待ってたとか？」

「いや、それが昨日は春樹、観たい映画があるから夕飯は外で済ませるって。結局別々」

「うわ、それって大人の関係なんですか」

「そういうことにしといて」

昨日は、起きるとすでに春樹は出かけた後だった。時計を見るともうお昼。休みの日はいつも目覚ましをかけない。わざわざかけなくても、春樹の目覚ましが7時に鳴れば自然に目が覚める。だから昨日の朝も大丈夫だと思っていた。

「疲れてるのかな……」

ひとりつぶやきながらリビングとつながっているキッチンに行くと、春樹は自分で朝食のしたくをしたようで、卵の殻がシンクに落ちていた。ベーコンエッグでも作ったのかな。洗った食器は、きちんと布巾の上に伏せてあった。

その後、ひとりで素敵な休日を過ごそうと思っていたのに、寝すぎて頭がガンガンして何もやる気にならなかった。雨上がりの晴天の午後に、ふたり分の掛け布団を干しただけでも上々だ……と、空虚な昨日1日を思い出していると、望美ちゃんに、先輩、と声をかけられた。

「駅の反対側にある沖縄の居酒屋さん知ってます？」

「え、知らない」

「妹がこの前行ったらけっこうおいしいって」

「ホント？　じゃあさっそく今夜どう？」

最近、新しい恋人ができたという望美ちゃんの話をゆっくり聞いてあげていなかったのを思い出し、提案してみる。今日はわたしも望美ちゃんも早番で6時上がりだ。

「え、わたしはいいですけど、千尋さんはいいんですか、春樹さん」

「うん、いいのいいの。じゃあ決定ね」

「お疲れさまー」

沖縄民謡が流れる店内のカウンター席で、わたしたちは生ビールのジョッキを合わせた。

「2杯目は泡盛だね」

お互いに確認し合いながら、海ぶどうとゴーヤーチャンプルーをつまむ。

「ホントによかったんですか、春樹さん」

「昨日、DVD何枚かレンタルしてきてたから、ひとりでゆっくり見たいんじゃないかな」

「へえ、映画観に行った後にさらにDVD借りてくるんだ」

「そ。映画好きなんだよ。映画の趣味合わないから、一緒に観る気にもならなくて。望美ちゃんはどうなの？　この前、話してたスポーツクラブで知り合った彼」

「あ、先週、彼の部屋にお泊まりしちゃいました！」

「ええっ。早くない？　だってついこの間、お互いに連絡先交換したって言ってなかった？」

「普通ですよ、普通。むしろこの年になっていつまでも何もされなかったら悲しいでしょ」

「そっかぁ。なんかいいな。恋愛真っ最中っていうかさ、望美ちゃん最近きれいになったし」

「え、そうですか？　でも先輩だって……って、あれ？」

望美ちゃんが箸を止める。

「どした？」

「先輩、正直に言わせてもらいますけど、眉間に皺が……」

「ウソ？」

思わず右手の人差し指で眉間を触る。触っただけではわからない。

「最近ストレス多いからじゃないですか？　課長、先輩のこと働かせすぎだし」

課長は売り場には出てこない。コミック売り場で一番責任が重いのは正社員のわたしだ。

「若い世代が好む漫画は僕にはわからないから､平積みにする本のセレクトは君に一任するよ」

と、売り場のことはわたしに丸投げだ。

「先輩は真面目で頑張り屋だから、期待されると応えようと思っちゃうんですよね」

望美ちゃんの言う通り、ここ最近、わたしは売り上げアップのためにはどうしたらいいのかと、日々、頭を悩ませていた。

「それにしても眉間に皺って」

スマホをとりだし、カメラ機能を立ち上げる。

「あー先輩それじゃダメですよ。鏡持ってないんですか？」

「えっと……あ、今日ポーチ、忘れてきちゃった」

バッグの中を見ると、化粧ポーチが入っていなかった。そんなわたしに呆れながら、望美ちゃんは自分の手鏡を渡してくれた。画面で自分の顔を見てみると、たしかに眉間のあたりに皺が刻まれているような気がする。

「秋になってからめっきり潤いなくなったなー。これがアラサーってこと？」

「先輩、悲しいこと言わないでください」

「28歳だもん。立派にアラサーだよ……」

「はい、紅芋の天ぷら、お待たせいたしましたー」

と、カウンター内から料理が出てきた。

「ねえ、お兄さん、先輩、まだ終わってないですよね」

追加の泡盛を注文したついでに、望美ちゃんが店員に話しかける。

「え、なんの話っすか？」

カウンターの中の店員がまじまじとわたしの顔を見る。

「あー！　お姉さん、みさき書店さんの店員さんだよね？　俺よく買いに行くんだ」

そう言われて、わたしも店員の顔を凝視する。そして、思い当たった。

「もしかして『星屑ティアドロップ』発売日に買いに来る……」

「そう！　うわ、嬉しいな。俺のこと覚えててくれたんだ」

「はい、発売日にはいつも開店と同時にいらっしゃって。しかも何冊か買っていかれますよね？」

「そうそう。俺『星ティア』大好きだからさ。友だちやお客さんにも読んでみて、って配ってんの。この店にも置いてあるんだよ。ぜーんぶお姉さんのお店で買ったんだ」

ほら、と指さした棚には、コミックが十数冊、ずらりと並んでいる。

「いつもお買い上げありがとうございます」

改めて店員を見ると、いかにも居酒屋の店員風に頭に黒いバンダナを巻き、人懐っこい笑顔を浮かべている。年齢は30代前半ぐらいだろうか、真っ黒に日焼けした顔に真っ白な歯が眩しい。

「わたしもあの作品好きですよ。『星ティア』って呼ばれてるとは知りませんでしたけど」

「それは俺が勝手に略してるだけだけどさ」

アハハ、と声を上げて笑いながら、わたしたちはひとしきり漫画談義で盛り上がった。

「ちょっとなんですか、ふたりとも。わたしのこと置いてけぼりにして！」

退屈そうにスマホをいじりながら、望美ちゃんが口をとがらせる。

「じゃあお姉さん、店で読んでいきなよ。絶対ハマるから」

「高校生の男の子がバンド結成する話ですよね。それだけは知ってるんですけど」

「泣けるよー。そのうちドラマ化か映画化するんじゃないかな。あ、そうそう、ここ一応俺の店なんだ。俺はカミヤタクミ。神様の谷を開拓する己、ね」

「意味不明だし」

望美ちゃんが笑ってわたしの顔を見る。

「で、お姉さんたちはなんていうの？」

「コミック売り場担当の南千尋です」

「わたしは雑誌売り場の田中望美。今度、雑誌も買いに来てくださいね」

自己紹介をしたところで拓己さんはほかの客に呼ばれ、仕事に戻っていった。

「拓己さんかぁ。明るい店長だなあ。てか、千尋さん、あの人のこと覚えてたんだ」

「いつもあのバンダナ巻いて来るからさ。印象に残ってたんだ」

「店の外でもあの頭なんだ……あ、さっきの話の続きですけど、うちの向かいのビルの3階にある美容皮膚科いいらしいですよ。ビタミン点滴とか注射とかいろいろあるって」

「望美ちゃんよく知ってるね。また女子大生情報？」

うちの書店の近くに女子大があって、雑誌売り場にはよくそこの学生が来る。望美ちゃんは雑誌を並べるふりをしながら、よく彼女たちの話を聞いているそうだ。

「そうそう。だってうちの売り場は彼女たちの声聞いて若い子の情報仕入れないと。美意識高い女子大生は美容にお金かけてますよー」

「美意識かぁ……やっぱりわたし、女として荒んでるかな」

望美ちゃんに真剣に尋ねてみる。

「荒んでるとはいいませんけど、ポーチ持ち歩いてないことに夜まで気づいてないのはまずいですね。休憩時間にメイク直さないんですか？」

「エプロンのポケットにリップクリーム入れてあるけど……」

「リップだけじゃなくてファンデも直しましょうよ」

「でも色付きのリップクリームだよ？」

「そういう問題じゃなくて」

そう言いながら、トイレに行ってきます、と望美ちゃんは立ち上がった。

「ねえねえ千尋ちゃん」

「うわ、びっくりした」

声をかけてきたのは拓己さんだ。カウンターの中じゃなくて、いつのまにかすぐ横に立っていた。もうちゃんと名前を覚えているなんて、とびっくりしたけれど、そこは客商売ゆえの得意技だろう。

「千尋ちゃん、アキトとカイ、どっち派？」

拓己さんは、彼曰く『星ティア』のメインキャラの名前を挙げてくる。

「わたしはメインのふたりよりギターのレイチが好きなんですよねー」

「うわ、わかってるなー。あの漫画はレイチあってこそだよね」

拓己さんが握手を求めてきた。思わず応じると、右手を握り合ったまま、左手でポンポン、と肩を叩いてくる。ボディタッチの多い人だな。だいたい人との距離が近すぎない？　と思いつつも、拓己さんのキャラだと許せてしまう。それに今は泡盛でいい気分になっているから、そこはよしとしよう。

「あ、あとさあ、千尋ちゃんは終わってなんかないよ」

拓己さんが唐突に言う。

「俺さ、いつも千尋ちゃんのこと、可愛い人だなって思ってたよ」

「え……」

わたしはごくごく平凡な目鼻立ちをしている。ルックス勝負できる女子ではないことは、自分が一番よく知っている。面と向かって可愛いなんて言われたことはない。

「もう、お世辞言ったって、漫画は値引きできませんからねー」

つい、自分でもよくわからない反応をしてしまう。

「いや、ホントホント。白いシャツに黒いエプロンサイコー！　なんかグッとくるんだよね、俺以外にも千尋ちゃんファン、いると思うけどな」

拓己さんの人懐っこい笑顔を見ていると、鼓動が早くなってくる。どうしよう、何か言い返さなきゃと思っていると、

「店長さーん、『まーさいびーん』って店の名前、どういう意味なんですか？」

望美ちゃんがトイレから戻ってきた。

「沖縄弁で『おいしい』って意味」

「そっか。たしかにおいしいです」

「じゃあまた来てね」

「もちろんです！」

望美ちゃんと拓己さんが声を合わせて笑っていたけれど、わたしの胸はまだ高鳴っていた。

「先輩、足元ふらついてません？　泡盛ってけっこう酔いが回るから」

地下鉄に乗る望美ちゃんが、何度も念を押す。

「大丈夫、大丈夫。じゃあお疲れさまー」

わたしはJR。望美ちゃんとはここでバイバイだ。

「今夜はちゃんとパックしてくださいね」

おやすみなさーい、と望美ちゃんは手を振って帰っていった。

久々に飲んだ泡盛が、いい具合に回っている。電車に乗り込んで、ドアのそばに立って空を見ると、今夜は満月だった。月の明るさで星はまばらにしか見えない。秋の夜空には一等星が少ないんだ、って春樹が言っていたけれど、都会の空はいつもこんな感じだ。

「可愛い人」

拓己さんに言われた言葉が、胸の中に蘇ってくる。頬が緩みそうになって、慌てて顔を引き締めた。あの人は客商売だから。社交辞令、社交辞令。真に受けちゃダメ。きっとみんなに言っているに違いない。そう自分に言い聞かせながら、窓に映る自分の顔を見つめていた。


家に帰ると、春樹がリビングのソファで眠っていた。テレビ画面がつけっぱなしだ。リモコンでテレビを消して春樹を見下ろすと、なんだか久しぶりに会ったような気がした。やわらかい癖っ毛は、だいぶ伸びている。注意しないと、春樹はなかなか髪を切りに行かない。28歳なのに学生にも間違えられる春樹は、最近顎の下にうっすらと髭を伸ばしはじめた。

夕方『今日は望美ちゃんと飲んでくるから遅くなる』とラインを入れたとき『了解』とスタンプが返ってきた。ここのところ春樹が愛用している、ハチにそっくりの猫のスタンプだ。

「ダウンロードしたの？」

と聞いたら、

「会社の後輩が使ってて、可愛かったから教えてもらった」

と、春樹は言った。

会社の後輩って、こんなスタンプ使うってことは女子だよね？

ていうか、その会社の後輩とやらと、個人的にラインのやりとりしてるわけ？

家ではこんなにボーッとしてるのに、会社の若い女子には愛想よくしてたりするの？

心に引っかかりはしたけれど、口には出さなかった。大学2年生の頃につきあいはじめて8年、一緒に暮らすようになって3年。取るに足らないことをいちいち口にすると、春樹が心底うんざりした表情を浮かべる。あの顔を見ると、自分がものすごいくだらない人間のように思えて、戦意喪失してしまう。

たしかに、春樹はつまらない浮気はしなそうなタイプだ。春樹がするなら浮気じゃなくて本気の恋で、もしそうなったら別れを告げられてしまうのだろう。

だから結局、スタンプのことはスルーした。とはいえ、心の中に引っかかっていなくはない。

ちょっとムカついたので、

「そのまま寝ちゃうと風邪ひくよ」

少し乱暴に春樹の体を揺すった。

「ん……俺、寝てた？」

春樹が目を開けた。

「寝てたから目を覚ましたわけだよね？」

春樹がよく言うセリフを、真似して言ってみる。

「ずっとDVD観てたの？　ご飯は？」

「食べたっけ？　あー、食べてないや」

「なんか作ろっか？」

冷蔵庫をのぞいてみると、おとといの夜、スーパーで買った肉のパックがあった。

「野菜炒めとかできるけど？」

「うーん、いいよ、自分で適当になんかやるから。シャワー浴びてくれば？」

そう言って春樹はキッチンに立った。春樹はわたしと暮らす前に2年ちょっとひとり暮らしをしていた。炊事も洗濯も自分でできるので、その点は楽だ。でも楽な分、ただ家賃を折半してスペースだけ共有しているような気分になる。

シャワーを浴びて出てくると、春樹は油揚げをのせただけのうどんを食べながら、膝にハチを乗せてDVDを観ていた。

「寝ないの？」

「さっき途中で寝ちゃったから、続きが気になるんだよ」

春樹は一度観始めたら最後まで観ないと気が済まない。

「先に寝るよ？」

「うん、おやすみ」

春樹は画面から目を離さずに言った。寝室に行き、布団にもぐりこんで読みかけの小説を開く。でもいつのまにか拓己さんのことを思い出して、小説の内容は頭に入ってこなくなっていた。

握手をして肩を叩かれたとき、軽くハグされているみたいでドキドキしていた。あのときのシーンを何回も頭の中で再生してしまう。

そういえば。望美ちゃんにパックをしろと言われたのを忘れていた。起きようと思ったけど、もう体が動かない。

それに……。もしかしたらパックをするよりも、美容皮膚科に行くよりも、あの店に行って拓己さんと話す方が肌にはいいのかも。女子力アップのためにはドキドキが必要不可欠。

このフレーズ、ポップに使えるかな。そんなことを考えながら本を閉じて、スタンドの明かりを消した。

次の休みは土曜日だった。久々に春樹と休みが合う。目が覚めると、まだお昼近かった。隣のベッドを見ると春樹はいない。スマホを手に取ると、春樹からラインが着信していた。

『プロレス観に行ってきます。昼も夜もテキトーに済ませてくる』

そして、行ってきます、と、猫スタンプ……。

「どういうこと……?」

わたしはスマホを手にしたまま呆然としていた。

「プロレス観に行くなんて聞いてないし。ひとりで出かけるって意味わかんないんですけど」

思わずハチに話しかけてしまう。ハチは一瞬こちらを見上げたけれど、もちろん返事をするわけもなく、毛づくろいをしている。返事をしたとしても、どうせハチは春樹の味方だろう。

とりあえず何か食べようと冷蔵庫を開けると、雨が降り出した晩、スーパーで買ってきた牛肉が消費期限切れになっていた。春樹とふたりで食べようと思って奮発して牛肉を買ったのに、あれからずっと一緒に夕飯を食べていなかった。

「重いのを頑張って持って帰ってきたのに……」

泣きたい気持ちで肉を捨てることにする。土曜日は燃えるゴミの日だと気がついたけれど、この時間だともうゴミ収集車は行ってしまっている。

食欲も失せてしまい、ヨーグルトだけ食べて、クローゼットを整理することにした。今、エッセイ売り場で人気の本の帯に『モヤモヤしたときはクローゼットを整理しよう』と書いてあるのを、この前、目にした。『クローゼットは女のアイデンティティが詰まっている。そこがぐちゃぐちゃだということは、あなたの心の中も、同じ状態だということ』と書いてあったけれど、その通りだ。ほとんどわたしが占領している寝室のクローゼットは、夏物も冬物もごっちゃになっている。秋も深まってきたというのに、忙しくて衣替えもしていなかった。ひきだしにはまだ半袖のTシャツが入っていて、自分でも呆れる。夏物を出して、セーター類をしまっていた衣装ケースを開ける。1度床に置いて、入れ替えて、という作業を続けていると、奥から紙袋が出てきた。3年前に亡くなった伯母のマリちゃんが着ていたセーターが入っている。これだけは処分できずにとっておいたセーターだけれど、見ると悲しくなるのでしまいこんでいた。でも久々に開けてみる。細身で、品のいいマリちゃんによく似合っていたグレーのカシミアのセーターだ。

「マリちゃん、久しぶり」

セーターを手に取ったとき、紙袋の中に、1冊の本が入っていることに気づいた。

「これってもしかして……」
小さいけれど分厚い本を取り出してみると……やっぱり『LOVERS, DIARY』。恋人たちがつける恋愛日記で、質問項目が365個あって、ふたりで答える形式になっている。8年前、つきあい始めてすぐにアルバイト先の書店で見つけて、わたしが買ってきた。
「うわあ、懐かしい」
ぱらぱらとページをめくってみる。

【1　ふたりの「恋の記念日」はいつですか？】
千尋『一応9月1日？　ちゃんと告白されてないからわかりません！』
春樹『7月6日　南のハタチの誕生日に学食でうどんを食べたとき？』↑南じゃなくて、名前で呼んでくださーい！

春樹の答えに、わたしがコメントをしていて、思わず笑ってしまう。

【7　はじめてもらったメールを、覚えていますか？】
千尋『今日も学食来る？　席取ってあるよ』
春樹『はじめまして。文学部心理学科の南千尋です』↑え～こんなこと送ったっけ？『ウソ、実は最初のメール、覚えてない』↑何それ、失礼な奴！　覚えとけよー！

【13　さりげなく手をつなげるようになったのは、いつですか？】

千尋『う～ん、まだかな。これから一緒に歩くときは手つなご！』

春樹『了解いたしました』

【23　ぎゅっと抱きしめたくなるのはどんなときですか？】

千尋『どんなときですか？』

春樹『ん～、じゃあ、今！』

【46　ふと急にキスしたくなる瞬間って、どんなとき？】

千尋『どんなときですか？』

春樹『ん～、じゃあ、今！』

この後、抱きしめてくれたりキスしてくれたりしたんだよなあ……ところで最近、抱きしめられた？　この前キスしたのいつだっけ？

ため息をつきながら、本を閉じた。結局この日、クローゼットの整理は中途半端なまま終わってしまった。

第2章　2007年　春

「恋が生まれたきっかけは、なんでしょう。」

4月。キャンパス内は桜吹雪が舞っていた。

今日から履修登録ガイダンスや健康診断が始まる。そして同時に、輝かしい「東京でのキャンパスライフ」が始まる！　あまりにも陳腐でありふれた表現だけれど、わたしの胸はまさに期待と不安にはちきれそうだった。

友だちはできる？　山梨から来たことをバカにされない？　アルバイト先は見つかる？　そして何より……彼氏は、できる？

共学の公立高校に通っていたのに、まったく男っ気なし。彼氏いない歴3年。わたしは『大学生になったらカッコイイ彼氏を作る！』と意気込んでいた。

中学生の終わりに、一応彼氏らしき人がいた……と、自分では思ってる。

卒業間際のバレンタインデーに、ずっと片思いだった同級生、修人にチョコレートを渡した。友だちと甲府のデパートまで行って、ゴディバのチョコレートを奮発した。その名の通りサッカー部のエースストライカーで、男子たちはもちろん、女子たちや先生たちからも「シュート」と下の名前で呼ばれる人気者だった。わたしにはどう考えても高望みだし不釣り合い。でも当たって砕けろの精神で思いきって告白した。フラれたとしてもどうせすぐ卒業だし。そう思っていると、ホワイトデーにお返しをもらった。ハートの形をしたピンク色のマシュマロ！卒業式までの10日間、一緒に帰った。マシュマロと同じぐらい、全身がふわふわのピンク色でできているみたいな気分だった。春休みには、もう1組のカップルと4人で遊園地に行った。

そして、4月にわたしたちは別々の県立高校へ進学した。学校が変わった途端に、修人と連絡が途絶えがちになっていた。メールの返信もないし、修人の携帯にかけても、いつも留守番電話。ゴールデンウイーク、修人と会う予定もなく、高校の友達と地元のショッピングモールに出かけたとき、修人が同じ高校の女の子と歩いているのを見かけた。ミニスカートから長い脚を惜しげもなくさらした、可愛い女の子だった。修人もこちらに気づいたのに、すぐに目を逸らされた。わたしの初めての恋は静かに終わった。

幼い恋はわたしを臆病にさせた。でも東京の大学に行けばきっと何かが変わる。根拠なくそう思っていた。

「お願いしまーす」

「軽音部、午後から中央広場でライブやりまーす」

「書道研究会でーす」

ガイダンスを終えて校舎から出てくると、通路の両側は、びっしりとサークル勧誘の2年生、3年生で埋め尽くされていた。

「す、すごいね」

わたしはガイダンスでたまたま隣の席になった凛子に声をかけた。でもその声もすぐに「サークル決めてる？　よかったらこれもらってってね～」と、あちこちからかかる声にかき消されてしまう。凜子とふたりで歩いていく間に、いつのまにか手がチラシでいっぱいになった。整った顔立ちをしている凜子と一緒にいるせいか、ほかの1年生たちより呼び止められる確率も高いような気がする。

ああ、またやってしまった。心の中でふと思う。わたしはなぜか可愛い子と友だちになる確率が高い。中学も高校もそうだった。そしていつも引き立て役になってしまう。どうやら大学生活もそうなりそうだ。そんなことを考えていると、いつのまにか凜子とはぐれていた。

「あれ？」

あたりを見回していたとき、近くのサークルのブースの中にいる男子学生と目が合った。白いTシャツに黒いジャケットをはおった背の高いイケメン。夢に見た東京のイメージそのもののような男性から、わたしは目が離せなくなった。

彼に惹かれ『WAKWAK』というそのサークルのチラシをもらい――旅行研究会という名目の、遊びサークルだ――、凜子につきあってもらって新入生歓迎コンパに参加した。チャラい男子学生たちの集まりの中、お目当ての彼を見つけた。彼はわたしを見ると、にっこりと笑って近づいてきた。みんながワイワイ盛り上がる居酒屋の座敷で、彼とわたしは膝を抱えて居酒屋の壁にもたれながら、ふたりで話をした。

青木翔平。文学部史学科3年生。

サークル内では、流行りの韓流ドラマに出ている俳優に似ているといわれている整った横顔は、そこだけスポットライトが当たって輝いているようだった。

「ようやく一段落だね」

わたしと凛子は、学食でランチを食べていた。いろいろなサークルの新入生歓迎飲み会に参加すること1週間。さすがに疲れ果ててしまった。

「もう、どこのサークルがなんだったか全然覚えてないよ。収穫は、単位取りやすい授業を教えてもらったことだよね」

凛子が言う。どの飲み会でも、同じ学科の先輩が授業の登録の仕方を教えてくれる。親切な先輩は時間割を作ってくれる。サークルに入ってもらうためのサービス特典なのだろう。

わたしは翔平先輩のサークルに入りたいのだけど……。と、凛子に言い出そうとしたとき、

「あれ？」

凛子が声を上げた。その視線を追うと、ひとりの男子学生がトレーを手に立っていた。

「席探してるなら、ここ空いてるよ」

凛子は自分の隣にあるバッグをどかした。男子学生はありがとう、と低い声で言い、席に座る。4人掛けの丸テーブルだったので、わたしは彼と向かい合うようなかたちになった。

「えっと……」

わたしは凛子を見た。

「おとといの新歓で席が近くてけっこう話したんだよ。工学部の春樹くんだよね」

「え、いきなり下の名前？」

わたしは驚いて凛子と彼を見た。春樹、と呼ばれた彼は、気張ってこぎれいにしている新入生が多い中、ぶかぶかのトレーナーにチノパンで、ずいぶんと無頓着な印象だ。肩につくぐらいのやわらかそうな癖っ毛を無造作に真ん中分けにした前髪から、黒目がちな仔犬のようなつぶらな瞳がのぞいていた。まだ高校生にも見えるような童顔だ。

「だって周りの人が春樹って呼んでたから」

ねえ？　と、凛子が春樹に同意を求める。

「あのサークルには高校のときの部活の先輩がいてさ。で、誘われて飲み会行ってみたんだ」

春樹はうどんをすすりながら答えた。ただでさえ小さな声なのに、うどんを食べながらだとよけいに聞き取りにくい。

「一昨日の飲み会って、アウトドアサークルだよね」

わたしは春樹に尋ねた。

「そう。『星空研究会』」

「別に星空を研究してるわけじゃないんだよね」

「うん、普通にキャンプとか山歩きのサークル」

あのサークルには、好きな漫画の趣味が同じ女の先輩たちがいて、しかもひとりは好きなシーンまで一緒でかなり盛り上がった。凛子は男子学生ばかりのテーブルで楽しそうにしていた記憶があるけれど、その中に春樹がいたかどうかは覚えていない。

「同じ高校の先輩がいるんだ。高校は東京なの？」

「うん、東京っていっても郊外だけど」

「そっか、東京出身なんだ〜。あ、ところで凛子はどこのサークルにするの？」

わたしは凛子に向き直った。

「いやー、わたしはどこも入らないつもり。集団でワイワイやるの嫌いだし」

「わかる」

春樹がぼそっと呟いた。

「俺も集団苦手」

「アハハ。だからひとりうどんなんだ」

凛子は笑った。

「意外ー。凛子、新歓コンパ行きまくってたのに」

わたしは言った。

「あれはただで夕飯済ませられたから。ひとり暮らしの学生としては助かるんだよ」

九州出身の凛子は、大学近くの1Kのアパートに暮らしていた。東京で暮らす父の姉、マリちゃんことマリ子の家に居候しているわたしは、凛子に比べるとお気楽だ。

「春樹くんは『星空研究会』入るの？」

凛子が尋ねる。

「うん。俺、自転車が趣味なんだけど、あのサークル、自転車好きな人がたくさんいたから楽しそうで。今度の週末もサイクリング誘ってもらったんだ。小田原城見に行くんだって」

「あそこは真面目そうなサークルだったもんね。ところで千尋は？」

「うーん。わたしもあのサークルは女の先輩たちと仲良くなれたし、いいな、と思ってるんだ。

でもうひとつと迷ってて……」

翔平先輩がいるから、という言葉はとりあえずここでは呑み込んでおく。

「そっか。でもサークルなんて掛け持ちしたっていいし。そんなに深く考えなくてもいいんじゃないの」

凛子はあっさりと言った。てっきりふたりで相談して一緒のサークルに入るのかと思ってた。でも彼女にはそういうつもりはないらしい。凛子はその名の通り、どこか人をよせつけない雰囲気があった。

「席、ありがとね。助かった」

うどんのつゆを飲み干した春樹は立ち上がった。うん、またねー、と凛子が手を振り、わたしは軽く頭を下げた。


結局、わたしは『ＷＡＫＷＡＫ』と『星空研究会』に入った。とはいえ、どちらのサークルもそれほど活発に活動しているわけでもない。毎日大学に行く楽しみといえば、翔平先輩の姿を探すことだ。キャンパス内で会えば翔平先輩は必ず声をかけてくれたり、手を振ってくれたりする。それだけで幸せだった。

ある日の午後、大学内の芝生広場を通りかかったとき、翔平先輩がひとりで寝転んでいるのを見つけた。どうしようか迷ったけれど、思い切って声をかけた。

「翔平先輩、何してるんですか？」

「ああ、千尋ちゃん。バイトの時間までやることなくてさ。寝てたわ」

「あ……ごめんなさい」

「いや、本気で寝てないし」

片目を開けて、午後の陽射しに眩しそうに顔をしかめる。そんな顔もいちいちカッコいい。

「これからバイトなんですか？」

「うん。ひとつ向こうの駅の前にレンタルＤＶＤショップあるの知ってる？　そこ。千尋ちゃんはバイトしてないの？」

「先週面接行って、受かったんで、ちょうど明日からなんです」

わたしは、新宿のファッションビル内にある書店兼文具店の名前を挙げた。

「あそこ、最近雑貨とかも置くようになったよね。なんかオシャレっぽくなりすぎちゃって、男が好きな感じの本、なくなっちゃったんだよなー。あ、別にやらしい本じゃなくて、スポーツ系の雑誌とかのことね」

翔平先輩の言葉に、わたしは笑いながら頷いた。こういうときにうまい切り返しのできない自分を呪いたくなる。

「あれ？　そろそろ3限始まるんじゃない？」

翔平先輩に言われ、わたしは「じゃあまた」と、立ち上がる。

「今度よかったら俺のバイト先に遊びにおいでよ」

去り際のその言葉に、わたしはすっかり舞い上がった。

夏休みが近づいてきたある日の昼休み、わたしは学食で席を探していた。木曜日、凛子は学校に来ない。わたしは2限と3限だけ授業に出て、バイトに向かう。お昼はひとりなのでいつもはおひとりさま席に座る。でも今日は空いていない。うどんの器を載せたトレーを手に大テーブルの方を見回してみた。やっぱり空席がない。なんだかカッコ悪……。焦っていた時「南?」と、声をかけられた。

「あ、春樹……くん」

そこには春樹がいた。星空研究会の飲み会で何度か顔を合わせてはいたけれど、あまり話したことはない。

「混んでるね。席探してるの?」

「そうなの。奥の方、行ってみる」

じゃあね、と、歩き出そうとすると、

「ああ、えっと……そうだ、五郎、食後はタバコ吸うんじゃなかったっけ?」

春樹は隣で携帯をいじっていた友達の肩を叩いた。星空研究会で一緒なので、わたしも何度かしゃべったことがある。2浪しているから新入生の中では一番年上なうえに、大柄で名前が五郎。きわめつけにおじさんっぽい風貌をしているので、いつもいじられている。春樹といると、まるで親子のように見えることでも、よくからかわれている。

「は? 俺?」

五郎くんが顔を上げる。そしてわたしに気づいて、

「あ、満席? じゃあここ座っていーよ」

と、トレーを手に席を立ち、行ってしまった。

「ありがとう。でもごめんね」

遠慮しながら春樹の隣に腰を下ろす。

「なんか五郎くんに悪かったみたい」

「あいつ、とっくに食べ終わってたからいーんだよ。それより早く食べなよ。それごまだれざるうどんでしょ。俺もそれ食べてた。すげーうまいよ」

春樹は、あともう少しで食べ終わるところだ。

「これ新メニューだよね」

「そうそう。昨日まではざるうどんは普通のタレしかなかったからね。あ、しゃべってないで早く食べなよ」

春樹に言われ、いただきまーす、と食べ始める。

「んー、このタレおいしい！」

「この大学、学食おいしいって評判だけど、ホントだったな」

春樹はニコニコしている。やっぱりこの人って仔犬みたいな顔だ。わたしは思った。

「もしかして学食がおいしいからこの大学にしたの？」

「いや、さすがにそれだけじゃないけど……」

「あれ？　初めてここで会ったときもうどん食べてなかった？　もしかしてうどん好き？」

「うん。俺ね、両親の実家が秋田で。小さい頃から秋田行くと稲庭うどん食べてたし、家にはいつも稲庭うどんがストックしてあるからさ。もうほとんど主食っていうか」

「稲庭うどんって細いのだよね。わたし山梨出身なんだ。やっぱりうどんはほうとうが一番だよ」

「ほうとうって煮込むんでしょ。想像つかないなあ」

「なんでよ？　鍋の最後にうどん入れたりするでしょ？　てか、ほうとう食べたことないんじゃないの？」

「本格的なのは、ないな」

「食べたことないのに語ってもらうと困るんだよね」

と、言いながらムキになっている自分がおかしくて、わたしはふきだした。

「ん？　どしたの？」

「いや、だってさ。東京に出てきたくて、絶対にこの山の向こうに行ってやるー！　って必死で受験頑張ったのに、ふるさと自慢してる自分がおかしくて」

「それを言えば俺なんて東京で生まれ育ったくせに稲庭うどん語ろうとしてたわ」

春樹とわたしは声を合わせて笑った。


前期の試験を無事に終え、夏休みになった。

「暇だから映画でも観に行こうかな。でも高いしな。あ、そうだ。DVDを借りに行こう」

と、つまり翔平先輩に会いたくなって、アルバイト先を訪ねることにした。ちらりとカウンターを見たけれど、別の店員がいる。がっかりしながらも棚のDVDを手に取って見ていると、

「あれ、千尋ちゃん？　来てくれたの？」

いきなり翔平先輩に声をかけられた。

「は、はい、あの会員になるにはどうしたら……」

「会員になるの？　千尋ちゃん、ホントにDVD借りにきたの？」

「え？」

意味がわからずに戸惑うわたしを見て、翔平先輩がくすっと笑う。

「7時に終わるから待っててくれる？　向かいにスタバあるから」

「……はい」

わたしは結局DVDを棚に戻し、ぎくしゃくとした動きで店を出た。

7時までは2時間以上あった。でも全然、苦じゃなかった。ほかに時間をつぶす店もあったのに、翔平先輩に言われたスターバックスコーヒーで忠犬のように待ち続けた。スタバ、という3文字もわたしにとっては新鮮な響きを持っていた。高校時代、友だちと何度かトライしようと店の前まで行ったことはある。でもハードルが高くて入れなかった。今日はスタバデビュー。それもひとりで。注文をするときはえらく緊張した。いったいグランデって何？　と、メニューを見て戸惑ったものの、とりあえず無難そうなトールサイズを注文した。

周りの人がパソコンやノートを広げて仕事や勉強をしていたので、わたしも教科書を読んで時間をつぶした。そして7時を少し過ぎた頃、翔平先輩が現れた。

「夕飯食べた？」

「……いえ」

「スタバのでいい？」

「……はい」

頷くと、翔平先輩はサンドイッチとホットドッグ、あとはサラダがクレープみたいに巻いてあるものを買って来てくれた。

「好きなの食べていいよ」

「……はい」

どれも食べにくそうだ。迷った末に、一番簡単に食べられそうなサンドイッチに手を伸ばした。

「ところでさっき見てたDVDだけど、ああいうの好きなの？」

翔平先輩が尋ねてきた。わたしが見ていたのは、ハリウッドで活躍する台湾人監督の作品だ。

「一緒に暮らしている伯母が翻訳した作品だったんで……」

「へえ、伯母さん、翻訳家なの？　すごいじゃん！」

「別に有名な翻訳家ってわけじゃないんですけど」

「あの監督の作品、いいよね。俺好きだよ」

「そうなんですか？　わたしもあの雨の日のシーンとかすごく好きで」

「森の中で主人公がさしてた真っ赤な傘がものすごい印象的だったよね」

ひとしきり話がはずみ、わたしはマリちゃん、ありがとう、と心の中で感謝する。

「じゃ、行こうか」

唐突に、翔平先輩が言った。行こうってどこに？　聞きたい。でも聞けない。

「あ、ついてる」

翔平先輩は立ち上がると、紙ナプキンをとってきてわたしの唇の端を拭いてくれた。

「……すみません」

慌てるわたしを見て翔平先輩はにっこり笑うと、歩き出した。

どこに行くんだろう。コンビニに寄って缶ビールと、わたしの分のミネラルウオーターのペットボトルを買った翔平先輩は、大きな公園をずんずん歩いていく。まさか翔平先輩の部屋？　埼玉県出身の翔平先輩は、通おうと思えば通える距離なのに、ひとり暮らしをしていると聞いているけれど……。頭の中はぐるぐるしている。

「今日、すっげー暑かったけど、夜はすこしマシだね」

はい、とミネラルウオーターを差し出し、自分は喉を鳴らして缶ビールを飲み始める。わたしたちはサークルの内輪話をして、ひとしきり盛り上がる。

「一口飲む？」

翔平先輩が缶ビールをさしだした。

「え……」

それって間接キスだし、いいのかな、と戸惑っていると……。

「あ、まだ未成年だもんね」

翔平先輩はごめんごめん、と缶ビールをひっこめた。

わたしのバカ。せっかくのチャンスだったのに……。頭の中でぐるぐる考えている私の横で、

「いつハタチになるの？」

「誕生日7月なんで、来年の夏には」

「そっか。一緒に飲みに行こうね」

翔平先輩ににっこりと微笑まれて、わたしは心臓が破裂しそうだった。夏の夜、公園のベン

チにふたりきり。もうどうしたらいいのかわからない。

「どうしたの、すっかりおとなしくなっちゃって。大丈夫だよ、襲ったりしないから」

翔平先輩は笑っている。

「あ、いえ、翔平先輩がそんなことする人だなんて思ってないです。それに翔平先輩なら……って、いや、えっと違うな。何言ってるんだろう。あの……なんでもありません」

わたしは慌てて首を振った。すると翔平先輩の手がわたしの肩を抱き寄せ、まるでなんでもないことのように自然に唇を奪った。わたしの心臓は、公園一帯に聞こえるんじゃないかというぐらいドキドキ鳴っている。わたしは久々にピンクのマシュマロ気分を思い出した。

「本当はこのまま家に連れて帰りたいんだけど……」

翔平先輩はわたしの肩を抱いたままそう言うと、しばらく黙り込んだ。

「俺、彼女いるんだ。同級生なんだけど、今年1年留学してて……。それでもいい？」

「それでも……って……」

喉が詰まって、声が出ない。

「今、彼女、日本にいないし、千尋ちゃんさえよければ、アリかなって思って……」

「でも……。翔平先輩が大切なのは、彼女さんなんですよね？　だったら……」

どうにか声を絞り出す。さっきまでと違って、心臓が耳元で鳴っているのを感じながら、ベンチから立ち上がった。

「千尋ちゃんのこと可愛いと思ってるのは事実なんだ」

「あの、もう大丈夫です」

背中を向けたまま、言う。

「ごめん、送るよ」

翔平先輩が立ち上がった。

「大丈夫です」

もう一度言って、わたしは歩き出した。


ピンクのマシュマロ気分はあっという間にしぼんでしまった。でも別に、勝手に盛り上がって勝手に失恋しただけだ。そう思ってみたけれど、やっぱり悲しかった。救いだったのは、3日後に『星空研究会』のキャンプがあることだった。

キャンプでは、春樹と五郎くんと同じグループになった。春樹が持参した稲庭うどんをキャンプ場の冷たい水でしめて食べた。

「五郎、おまえ、わんこそばかよ」

何杯もおかわりして食べる五郎くんは、みんなに笑われている。

「やっぱうまいだろ？　夏は稲庭うどんっしょ」

春樹はなぜかわたしの方を見て得意げに言う。

「たしかにおいしいね。認めてあげるよ」

「なんだよ偉そうに」

春樹がふざけて川の水をわたしにかけた。こんなことをしない印象なのに、とびっくりして、

「春樹くん、どしたの？　テンション高くない？」

思わず素直に口にしてしまう。

「たしかに。おまえにしては元気いいな」

五郎くんも頷いている。

「えーだってさ。山とか川に来ると、俺、幸せで」

「そう？　わたしは毎日山に囲まれて過ごしてたから別に」

「千尋ちゃん山梨だっけ。俺、隣。長野。だから山も川もまったく珍しくない」

五郎くんが相槌を打つ。

「羨ましいよ、毎日キャンプできるじゃん」

春樹が言った。

「おまえ、もしかしてバカにしてるだろ？　よーし！」

五郎くんはわざと青春ドラマみたいな口調で、春樹に水をかけた。春樹も応酬しはじめる。

顔をくしゃくしゃにして笑っている春樹を見ていたわたしも、いつのまにか大きな口を開けて笑っていた。


夏休みが明けてからも、わたしと春樹は木曜日に学食で落ち合ってはうどんを食べていた。どちらが言い出したわけでもなく、自然とそうなった。50分しかない昼休みで、季節によって変わる天ぷらの具について語り合ったりしては「ふたりで『うどん研究会』でも作ろうか？」と盛り上がっていた。

ある日の昼休み、ふたりで『秋のかき揚げうどん』を食べていると、学食に翔平先輩が入ってきた。

「えっ」

うどんがのどに詰まりそうになる。あれ以来、翔平先輩の姿を見かけることはあったけれど、避けていた。『WAKWAK』の夏休みの合宿も行かなかったし、サークル活動にも顔を出していない。このままフェイドアウトするつもりだった。

翔平先輩はスーツ姿だった。髪も短く整えている。どこかの企業の説明会にでも行った帰りなのだろうか。

「どしたの?」

うつむいて無言になったわたしに、春樹が尋ねてくる。

「好きだった先輩が入ってきて……でもちょっと今は会いたくないっていうか……」

咄嗟にごまかすこともできずに、正直に答えてしまう。

「スーツの人?」

学食の入り口付近を見ている春樹に、わたしはうつむいたまま頷いた。

「友だちでも探してるのかな。きょろきょろしてるけど、こっちには来ないみたいだよ」

「あの人、もうひとつ入ってたサークルの人なんだけどさ。勝手に片思いして、空回りして」

春樹にはどこか安心して話せる雰囲気があるせいか、誰にも話していなかった自分の気持ちを口にしてしまう。

「先輩には彼女がいてさ。でも今は留学中なんだって。わたしさえよかったら、みたいに言われたんだけど」

「え、どういう意味？」

「浮気でもよかったらつきあうよ、っていうことだと思う」

「なんだそれ。そんな男やめれば」

春樹がぼそっと呟く。

「うん、やめるつもり……って、わたしの話はもういいよ。春樹くんは？　彼女とかいるの？」

「俺は……2年ちょっとつきあってる人がいるんだけど、今ちょっとうまくいってない」

「え、高校生のときから？」

「うん。相手は大学生だったけど」

「年上なんだ。どうやって出会ったの？」

「俺、高校1年の頃から、駅ビルのカフェでバイトしてるんだ。彼女は同じフロアのレストランでバイトしてて、休憩所とかで顔合わせてるときによく話すようになって自然に。でも彼女は就職して仙台の実家に帰っちゃって。遠距離になるとなかなか難しいなー。あ、あの人学食から出てったよ」

「ホントだ」

わたしは顔を上げた。

「やっぱり汁まで飲むと熱くなるね」

ずずっと音を立ててうどんの汁を飲み干した春樹は、ちょっと先に外行くわ、と、学食を出て行った。春樹が年上の女性とつきあっているなんて意外だった。勝手に、恋愛には奥手なタイプだと思っていた。

年上の女性にリードされる感じが似合うのかな。猫背気味に歩く春樹の背中を目で追いながら、わたしは考えていた。

あっという間に1年が経ち、2年生になった。時間割が変わってしまい、お互い昼休みは学科の友だちと過ごすようになったので、木曜日の『うどん研究会』はなくなってしまった。春樹とはサークルで時折顔を合わせて言葉を交わすぐらいだった。

夏休みが迫ったある日、わたしはひとりで学食にいた。3限が休講だったので、試験勉強をしようと、教科書を広げる。昼休みが終わったので、学食はがらがらだ。

「ここで会うの久しぶりじゃない?」

声をかけられて顔を上げると、春樹がいた。向かい側に腰を下ろし、持っていたアイスコーヒーにミルクを入れて飲み始める。わたしはその姿をじっと見た。

「何?」

「いや、学食のお水か、飲み会でビール飲んでる姿しか見たことないから」

春樹は4月が誕生日だったらしく、晴れてビールを飲めるようになった。でも、あまりお酒に強くないのか、すぐ顔を真っ赤にして、眠ってしまう。この間なんて五郎くんに背負われて送ってもらっていた。

「俺だってコーヒーぐらい飲むよ。それよりどしたの、そっちも休講?」

「うん。時間空いてるから試験勉強。ヤバいんだよ。統計学がわかんなくて。去年も単位落としてさ、今年落としたらマジ、ヤバい」

わたしは理数系が苦手だ。高校のときも理科と数学は毎回赤点ギリギリだった。

「あーそっか、心理学科って統計学やらなきゃだもんね。数式なんて覚えちゃえば、あとは当てはめるだけだから簡単じゃない？」

「それが簡単じゃないから苦労してるんで……あ！　春樹くん、工学部でしょ？　数学で受験したんだよね？」

「ていうか、大学に入ってからもやってるけど」

「だったらなおさら！　わたしに数学教えてください！」

わたしは両手を合わせた。

「え？」

「お願い。今日わたしの誕生日なんだよ。お祝いすると思って教えて！」

「誕生日？　ホントに？」

「そうだよ。せっかくのハタチの誕生日なのに学食で数学に苦戦してるなんて可哀想だと思わない？」

今日は朝からお母さんにおめでとうメールをもらったし、マリちゃんもプレゼントをくれた。今夜は凛子をはじめ、仲のいい学科の友だちがお祝いしてくれることになっている。でも……彼氏もいない、地味な誕生日だ。

「へえ、7月6日か。いい日だね」

「えーどうして？　あと1日で七夕なのにさ。なんか中途半端じゃない？」

「だって、織姫と彦星が1年に1回会える日の前の日なんだからさ、わくわくしていいじゃん」

「なんかやけにロマンチックなこと言ってない？　ひょっとして春樹くんてロマンチスト？」

「……別にそういうわけじゃ」

「いやーかなりロマンチストだよ。そんなこと今まで誰も言わなかったよ。びっくりしたなー」

「……じゃあ数学教えてあげるよ。誕生日プレゼントってことで」

気まずくなったのか、春樹は渋々とわたしの申し出を受け入れた。

「ありがとー。試験突破できたら、春樹くんが前に行きたいって言ってた六本木の店のうどん、おごるから」

「マジ？」

春樹の目が輝いた。契約成立。わたしはテーブル越しに春樹と握手を交わした。


その日から何度か学食や図書館で待ち合わせて、わたしは春樹に数学を習った。試験はどうにかギリギリで合格点をもらえた。約束の六本木の店でおごらなくちゃいけないのだけれど、とりあえず次のバイトの給料日まで待ってもらうことにした。そのことを何かのときにマリちゃんに話したら、だったら夕飯をごちそうするから春樹を家に連れていらっしゃい、と言う。

春樹に声をかけると、喜んで来てくれた。

「どうもありがとね」

マリちゃんは春樹に冷やしほうとうを作ってくれた。

「これうまいっす！」

春樹は絶賛し、あっという間に完食してしまう。

「ね、冷たいのもいいでしょ？　こういう食べ方もあるのよ」

マリちゃんが得意げに言う。

「春樹くん、ほうとうは煮込むから邪道とか言ってなかったっけ？」

わたしは意地悪く言ってやった。

「邪道とは言ってないだろ。ただイメージが湧かないっていうか……」

春樹とわたしが言い合っているのを見て、マリちゃんは笑った。

「わたしも大学時代、香川出身のお友だちとうどんのことでよく言い合いになったわ」

「香川かぁ、讃岐うどんですね。それは強敵だ」

ダイニングテーブルで、3人で笑い合う。

「ごちそうさまでした。今度、俺、稲庭うどん持ってきます。この前秋田から送ってきたばっかりのがあるんで」

「あらホント？　じゃあ次は稲庭うどんの会ね」

マリちゃんはすっかり春樹が気に入ったみたいで、わたし抜きで次の約束をしている。春樹の朴訥とした雰囲気が年上の女性に好かれるのか？　そういえばうまくいっていないと言っていた彼女とはどうなったんだろう？　そんな思いがふと胸をかすめる。

1週間後、春樹は稲庭うどんを持ってやってきた。春樹が茹で、マリちゃんが天ぷらを揚げてくれた。なんだかすっかりうどんを食べる会のようになっている。ソファ席に移動してビールを飲み始めると、ふたりは昔の映画の話で盛り上がり始めた。

「ちょっとちーちゃん。春樹くん帰るって」

マリちゃんに声をかけられて、わたしは目を覚ました。

「へ？　わたし、寝てた？」

「寝てたから、目を覚ましたわけだよね」

春樹が言う。

「何、その意地悪な言い方。うどん食べてお腹いっぱいだったから寝てたよ」

ふたりがわたしそっちのけでヒッチコックについて熱く語っていたところまでは記憶がある。退屈しながらも、このゆるゆるとした時間と空間、なんだかいいなと思っていたら、寝てしまったみたいだ。

「春樹くんと、来週、六本木のうどん屋さん行くから」

わたしがおごると約束していたうどん店に、３人で行くことになったらしい。もちろん、お財布が助かるから異論はない。それじゃあ、また、と帰っていく春樹を、マリちゃんは玄関まで送って行った。

「マリちゃんすっかり春樹くんと仲良しだね」

春樹が帰った後、一緒に洗い物をしながら言った。

「だってあの子いい子じゃない。わたしが大学生だったら、つきあいたいわ」

もう50代半ばだというのに、マリちゃんはときどき乙女みたいなことを言う。教師や役場勤めなどがほとんどのカタイ家系の中、翻訳家という職業に就いたマリちゃんは親戚の中でも違うオーラをまとっている。絵を描くのが好きで、一時は美大に行きたいと思っていたわたしにとっては憧れの伯母だった。

「春樹くん、年上キラーだなー」

「そういえば年上の恋人がいたみたいだけど、別れたんですって。チャンスよ」

「は？　チャンス？　わたし別に……」

「あの子がちーちゃんの恋人になってくれたらわたしもしょっちゅう会えるし嬉しいわー」

マリちゃんはウキウキした口調でそう言った。


六本木にうどんを食べに行った帰り道、老舗の和菓子屋でマリちゃんが大好物だという大福を買い、春樹も一緒に家に帰って食べることになった。

「そういえばちーちゃん、パソコンの設定、わからないところあるんでしょ。春樹くんに見てもらえば？」

大福を食べ終えてお茶を飲んでいると、ふとマリちゃんが言った。わたしはバイト代を貯めたお金でパソコンを買ったのだけれど、メールの設定ができずに苦戦していた。

「ああ、そうだ。ちょっと見てもらっていい？」

わたしが春樹と一緒に立ち上がると、マリちゃんがわたしにだけわかるようにウインクをした。いったい何を考えているのやら、と呆れつつ、自分の部屋に行き、机の上のパソコンを起動させた。パソコンが立ち上がるまでの時間、ふと、沈黙が流れる。特に意識していなかったので自然の流れだったのだけれど、部屋にふたりきりだ。気づいた途端に意識してしまう。おまけにマリちゃんがウインクなんかしてくるし……。

「いやー、わたし機械音痴だからさあ」

わざとらしく笑ってみた。でもすぐにまたシンと静まり返る。ごくり、と唾液を呑む音が響いてしまいそうだ。すっかり困惑していたところに、ようやくパソコンが立ち上がった。

「メールが使えるようにしたいんだけどさ」

椅子に座ったわたしが言うと、春樹がパソコン画面をのぞきこんでくる。顔が近い。春樹の長い前髪がわたしの頬に触れる。

「ちょっと変わって」

春樹が言い、わたしは椅子を譲って自分は床に膝をついて画面をのぞきこむ格好になった。あれこれ説明を受け……というより、春樹の質問に頷いたり首を振ったりして時間が過ぎていく。そしていよいよメールアドレスを設定する段階になった。

「あれ、おかしいな？　え、なんでここでフリーズするの？」

春樹が言い、しばらくひとりでパソコンをいじりはじめた。やることがないのでとりあえず床に座ってぼんやりと春樹の横顔を見上げてみる。鼻はそんなに高くなくて、先がちょっと丸い。今まで気がつかなかったけれど、目の真ん中あたりから目尻にかけて二重になっている。唇は薄くもなく、厚くもなくて普通、かな。顎の形はシャープできれいかも。

「……あー、やっとつながったわ」

春樹が急にこちらを見た。あまりに突然だったので目を逸らすこともできずにいると、春樹も静止していた。そしてゆっくりと顔が近づいてきて、春樹の唇がわたしの唇に触れた。

「……え？」

どう反応したらいいのかわからずにいると、春樹はパソコンの画面を指した。

「ところでメアド、ここに入れて。もう決めてあるでしょ」

「……ところで、って何よそれ」

わたしは唇を尖らせた。普通に名前と誕生日をつなげて『chihiro0706@……』にしようかと思ったけれど、ムカついたからやめて『chihiro0901@……』と打ち込む。

「これ今日の日付？」

春樹が聞いてきた。

「そう」

わたしは唇を尖らせたまま黙り込む。

「……ふうん」

「ふうん、って何よ」

文句を言いかけたわたしの唇に、春樹がもう一度キスをする。その日何度か交わしたキスは、マリちゃんと3人で食べた大福の味がした。

第３章　2016年　秋

「どうしてもわかりあえないことは、ありますか？」

鍵が開く音で、ソファから立ち上がって玄関まで走って行った。

「おかえりー」

笑顔で出迎えると、春樹が一瞬、意外そうな表情を浮かべた。

「……ただいま」

秋の気配を身にまとった春樹があがってくる。

「コーヒー入れるね。ココアの方がいい？」

「あ、それよりうどん茹でようかと思って」

「夕飯食べてきたんじゃないの？」

「軽く食べただけだから、腹減った」

「じゃあ、わたしやるよ」

「千尋は夕飯、食べたんだろ？」

「わたしも軽く食べただけだから、夜食つきあう。冷凍うどんでいいよね？」

冷凍うどんは1分茹でるだけ。どんぶりに移して、油揚げと長ネギをのせて、ダイニングではなくてリビングのソファの方に持っていく。

「プロレスどうだった？」

「今回、いい席だったんだよ。それにさ、会場着いたら五郎から突然ライン来て」

ほら、と春樹がスマホの画面を見せてくれる。そこには『おまえ来てるの？』『おう、いるよ』『マジ？　席、どの辺？』というラインのやりとりがあった。

「五郎くんも見に来てたんだ？」

「そう。で、帰りに出口で落ち合って、軽く飲んできた」

ふたりともプロレス好きなんだから、チケットを取る前に連絡を取り合って一緒に行けばいいのに。男同士の友情というのはよくわからない。

「でも30分ぐらい飲んだら、千尋ちゃんが待ってるんだから早く帰れ、って言われた」

五郎くんは相変わらずいいことを言う。わたしは思った。見かけはいかついけれど、わたしは彼をとても頼りにしていた。春樹と喧嘩すると、すぐに五郎くんに相談した。言葉の少ない春樹の気持ちを五郎くんが聞き出してくれて「アイツのやることに悪気はないからさ、許してやってくれよ」と、よくなだめられた。それでも納得いかない顔をしていると「千尋ちゃんの気持ちをもっと考えろ、って厳しく言っておいたから。アイツ、不器用だけどよろしくな」と、五郎くんは悪くないのに、懇願するように両手を分厚い胸板の前で合わせた。

「五郎が千尋によろしく伝えといてって」

「わたしも会いたかったなあ。そういえば五郎くんってもう今年30歳なんだよね」

「なんか腹が出て、さらにオヤジ化してたよ」

とりとめのない話をしながら、ふたりで並んでテレビの画面を見る。これまでに何度も繰り返された日常の光景なのに、ずいぶん久しぶりな気がする。流れていたニュース番組のキャスターが、明日から冷え込むので体調管理にはお気を付けください、と言って番組が終わった。

「来週から寒くなるんだって。今日、衣替えしといてよかった」

そのときに『LOVERS，DIARY』を見つけた、ということは、内緒にしておく。

「この時期にちょうどいい上着ないんだよなあ。明日、何着て行こうかな」

「いつもやってるみたいに下にいっぱい着こんでいけばいいじゃん」

春樹の言葉に、思わず赤面してしまった。わたしは寒くなると、長袖の下着を2枚重ねて着たりする。まったく、色気がない！　と、望美ちゃんにまた叱られそうだ。

「俺は秋も好きだけどね。いつも自転車で抜けてく川沿いの道、秋になると黄色と赤の葉っぱですっげーきれいなんだよ」

「春樹って、突然おじいさんみたいなこと言うよね」

「で、その葉っぱを自転車でカサカサ踏んで走るのも好き」

「そこは子どもみたいだね」

うどんをすすりながら、ふたりでケラケラと笑う。

そうだ、この感じ。ふたりが仲良くなったきっかけもうどん。春樹がマリちゃんの家に遊びに来るようになったのもそう。わたしたちはいつも、うどんを食べながら平和に笑っていた。

「疲れたでしょ、早くお風呂入ってくれば？」

どんぶりを洗って、明日の朝ごはんのお米のタイマーもちゃんとセットした。春樹がお風呂から出てくるのをパックしながら待って、「寝よ」と微笑みかける。

「千尋、やけに機嫌よくない？」

「そう？　久々にゆっくり休んだからかな」

昔はいつもこんなふうだったよ。春樹は忘れちゃった？　わたしは今日、思い出したよ。心の中でそう呟きながら、わたしは春樹のベッドにもぐりこんで、久々にひとつのベッドで眠った。


それから数日、春樹といい感じで過ごした。望美ちゃんに言われた通り、ちゃんと毎日ポーチも持ってきているし、休憩時間にはメイクをチェックした。

「またあの店長……拓己さんでしたっけ、あの店行きましょうよ」

望美ちゃんに誘われていたけれど、ふたり揃って早番で上がれる日がしばらくなかった。でもそのおかげで、家に帰って春樹と一緒にご飯を食べる日が多くなっていた。

「そろそろ鍋の季節だね」

ある晩、わたしはふとつぶやいた。

「あ、そうだ。今度、休みが合うときにさ、うどんすき食べに行かない？」

会社の上司にこの間連れて行ってもらった店がおいしかった、と春樹が言う。

「行きたい行きたい！」

春樹とふたりで食事なんて、いつ以来だろう。わたしは心を弾ませた。

穏やかな日が続いていたある朝。

エッセイ本のコーナーを通りかかったわたしは、ふと立ち止まった。今、視界にふと何か気になる文字が飛び込んできた気がする。数歩戻って、その気になるあたりを見る。

平積みになっているその本のタイトルは『日常生活を彩る香りの世界』。わたしは本を手に取った。木漏れ日と緑あふれるカフェ風の部屋のテーブルの上に置かれた香水の瓶。この手の本にはよくある表紙だ。でも気になったのは……。嫌な予感に襲われながら、裏表紙をめくってみる。そこには著者プロフィールが載っていた。

『櫻井瞳　調香師。東京環境大学香粧学部卒業後、宮城県仙台市の香料メーカーに就職……地元新聞の連載コラムで人気を集め、現在女性誌などで連載多数……』

やっぱり……。

早くコミックコーナーに戻らなくてはと思いながらも、離れられない。だってこの人は、春樹の元カノだ。

春樹と出会った頃、当時つきあっていた彼女は「大学卒業して仙台に帰った」と言っていた。わたしとつきあってからは、春樹は敢えて元カノの話をしなかったけれど、春樹の8歳年上の姉、冬美さんというのがあけっぴろげな人で……。いつだったか春樹とわたしと3人でテレビを見ていて『リケジョ』を主人公にしたドラマが流れたときに「そういえば瞳さんって理系だったよね？」と春樹に尋ねたことがある。「うん。大学で香料の勉強してた」と、春樹は普通に答えていた。3つ年上と言っていたから、ここに載っているプロフィールと一致する。

何よりわたしが打ちのめされたのは、顔写真だ。サラサラ髪で、色白の美人が微笑んでいる。注目の調香師。しかも、櫻井瞳という名前まで美しい……。

「負けた……」

　思わず呟いていた。


　重い気持ちでその日1日の勤務を終え、帰宅すると、春樹が帰っていた。

「おかえりー。夕飯食べるならご飯炊いてあるよ」

　そう言いながら、呑気にテレビを見ている。

「ねえ、今日さ、店で瞳さんの本見たよ」

　家に帰る前は、言うべきかどうか迷っていたのに、結局口に出していた。

「なんか、話題の調香師だとかって、本出したみたい。平積みになってた」

「ああ、知ってるよ」

　春樹は仁王立ちになっているわたしの方をゆっくりと振り返った。

「知ってたの？　え、そうなの？」

「今度、本を出すことになったって言ってたから」

「言ってた？　会ってるの？」

「会ってはないよ。ラインで言ってた」

「ラインしてるの？　何よ、それ、どういうこと？」

　あまりにも予想外の答えに、抑えていた感情が、一気にあふれだした。

「お互いの携帯知ってると、普通に出てくるじゃん、ラインの『友だち』ってとこに」

「そう……かもしれないけど。え、別れたときに連絡先って削除したりするんじゃないの？」

「いや、別に」

「ちょっと待って」

わたしはテーブルの上からリモコンを取って、テレビを消した。

「じゃあ何？　わたしとつきあいながらもずっと瞳さんが好きだったってこと？」

「そうじゃないよ。ちゃんと話し合って、お互いにもう無理だってなって別れたんだし」

「じゃあなんで今さら連絡取り合うの？」

「……それとこれとは話が違うじゃん」

「違わない！」

わたしは声を荒らげた。

「違うよ。てか、落ち着けば。夕飯、まだ食べてな……」

「そんなことどうでもいい。なんで連絡取ってるかって聞いてるの？」

「なんでって……。向こうから『元気？』ってラインが来たから、近況報告とかし合って。それでこの前、本が出ること聞いたから、おめでとう、って。別にそれだけだよ」

何それ、何それ、何それ、何それ……という言葉が、頭の中を駆け巡る。

「もういいかな？　さっきの番組、次のコーナーで建築デザイン特集が……」

またテレビをつけようとする春樹から、わたしは素早くリモコンを取り上げた。抗議するような、呆れているような、さまざまな感情の入り混じった目で、春樹がわたしを見上げている。

もうラインしないで。今、目の前でラインをブロックして。連絡先を削除して。

そんなことを言うのは、あまりに子どもっぽい？　だったら、なんて言えばいい？

「別れてから一度も会ってないし、今さらこんなふうに言われてびっくりなんだけど」

「今さら連絡取ってるって知ったことの方が、よっぽどびっくりなんだけど」

「テレビ見せてくれないなら、録画させて。仕事上、チェックしておきたいから」

そう言われ、仕方なくリモコンを渡すと、春樹は素早く操作して番組を録画した。そして立ち上がり、部屋を出ていった。喧嘩をすると……というより、わたしが冷静さを失うと、春樹はふらっといなくなる。自転車で出かけてあたりを走っているのか、どこかで時間をつぶしているのか。いつも1、2時間後に帰ってきて、自分が悪いと思ったときは「ごめん」と謝ってくれる。春樹がいない間に冷静になったわたしが謝るときもあるし、お互いにムスッと黙り込んだまま数日間、口をきかない日もあったりしたけれど、これまではなんとか、自然に仲直りしてきた。

部屋にひとり残されたわたしは、とりあえずソファに座った。さっきまで春樹が座っていたソファはあたたかい。腹が立つので場所をずらした。そしてスマホを手に取る。

『冬美さん、明日、会えますか？』

怒りの勢いまかせに冬美さんにラインを打った。ものすごくおしゃべりで世話焼きで、わたしとも仲が良い。「ホントは妹が欲しかったんだよねー」と言う冬美さんと一緒に買い物に行くこともあるし、服をくれたりもする（趣味が合わない服も多いけれど、それは言えない）。

「春樹はさ、親とわたしが世話焼きすぎたせいで、あんなぼーっとした性格になっちゃったんだよね。千尋ちゃんにもいろいろ迷惑かけてると思うけど、愚痴とかあったら聞くからいつでも連絡して」

そう言われているので、喧嘩をしたときはいつも冬美さんに相談していた。画面はすぐに既読になる。

『千尋ちゃん。久しぶり！　明日なら空いてるよ。また春樹がなんかやらかした？』

『ちょっと話、聞いてもらいたいことがあって』

OKとスタンプが返ってくる。

『明日、千尋ちゃん早番なの？　いつもの店でいい？』

『はい。7時には行けます』

よろしくお願いします、とスタンプを返すと、楽しみ！　と、スタンプが返ってきた。

「ちっとも楽しくないんだけど」

わたしはひとり、呟いた。


いつもの和風居酒屋に到着すると、冬美さんはすでに半個室でビールを飲んでいた。

「早く着いちゃったから、先に飲んでた。とりあえずサラダと焼き鳥セットだけ頼んだよ」

「すいません」

席に着き、店員さんにビールを注文するとすぐに、冬美さんに向き直る。

「冬美さんは、瞳さんのこと、知ってますよね？」

「春樹の高校時代の恋人？」

「会ったことはあるんですか？」

「同じ駅ビルのレストランでバイトしてるって聞いたから、その店にご飯食べに行ったことあるんだよね。春樹の姉です、弟がいつもお世話になって、って挨拶したの。きれいで感じのいい人だったな」

悪びれずに言うところは、この姉弟の特徴なのか、と心の中で舌打ちをする。

「春樹、冬美さんに、瞳さんとのことはいろいろ話してました？」

「そんなわけないじゃーん。わたしがいろんなこと聞き出してたのよ。あの子は自分からは言わないけど、聞けば答えるから」

「……別れたのは、遠距離になっちゃったからなんですか？」

「あのときね。あの子、ひとりですっごい悩んでたんだよね。家でもずっと暗い顔してた学食でうどん食べているときはそんな素振り見せなかったな、と当時を思い出す。

「どうしたのよ、って声かけたら、瞳さんの将来のために、俺の存在は足かせになるんじゃないかとか、ぐちゃぐちゃ言い出してさ。最後は結局、連絡絶っちゃって。電話も出ないし、メールも返信しないの」

「え、そうなんですか」

それは驚きだ。

「連絡絶つなんてよくないよ。ちゃんと話し合いなよ、って言ったんだけどね。男ってそういうところない？　ひとりで悩んでカッコつけて、俺は旅に出るぜ、みたいな？」

「え、春樹、旅に出たんですか？」

「いや、出てないけどさ。そういう変にロマンチストなところあるじゃん、男って。春樹もそうなんだな、って思ったんだよね、あのときは」

「……でも、春樹と瞳さん、いまだにラインでつながってるんですよ」

わたしは昨日起こったことを、冬美さんに話した。

「で、春樹はいつもみたいに外に行っちゃって、わたしがお風呂に入ってるときに帰ってきて、録画したビデオ見てました。それからはほとんど口きいてないです」

「でも、わたしも元カレでラインしてる子いるな。フェイスブックでつながってたりとか」

「え、そうなんですか？」

「学生時代の元カレは、仲間のグループラインの中にいるし、飲み会で会ったりもするし。でも向こうは結婚してるしね。『結婚はいいぞー』とか言うの。ウザいわー」

「で？　フェイスブックでつながってるっていう人は、別の元カレですか？」

「そう。その人は前の職場の同期。わたしがフェイスブックで見つけて、友達申請してさ。そのうち飲もうね、ってメッセージ送り合ったりはするけど具体的な話にはならないな」

「冬美さんはなんでまた元カレに友達申請したんですか？」

「懐かしかったのかなあ。友達申請して、承認されたときは、ああよかったってホッとしたのは覚えてる。『もうおまえとは関わりたくないわ！』とか思われてなかったんだなって。誕生日におめでとうメッセージもらったりするとちょっとくすぐったい気持ちになったりはするけど、別にそれだけ」

「その『別にそれだけ』って感覚がわたしにはわからないなあ」

瞳さんから本を出すって連絡もらったからおめでとう、と返した。別にそれだけ。春樹もそんなふうに言っていたけれど。

「ちょっとくすぐったい気持ちになったりはするんですね？」

「やだ、千尋ちゃん、怖い顔して」

「あ、すいません」

慌てて焼き鳥を口に放り込み、ビールを一口飲んで心を落ち着かせる。

「そりゃあやっぱり、一度は好きになった人だから。この人と別れなかったら今頃別の人生を送っていたのかなあ、なんて考えたりはするね。36歳独身彼氏なし、の今とは違ったかなって。でもまたすぐに日常に戻るわけだけどね」

「えー。それってつまり、春樹の場合はくすぐったい気持ちは瞳さんで味わって、わたしはすでに日常、ってことなんですかねえ」

「カラむね、千尋ちゃん。くすぐったい気持ち、って言ったのはあくまでもわたし。春樹は別にそんなことないんじゃないの」

「でも、瞳さんの方はくすぐったい気持ちで春樹にラインしてるのかもしれないですよね」

「もう〜。あんなこと言ったわたしが悪かったよ、ごめんごめん、忘れて。ビール2杯目飲もう。食べ物も追加しよう」

冬美さんはメニューを広げながら、

「千尋ちゃんとの生活が安定してて、今が幸せだからラインする心の余裕があるんじゃないの？　春樹は」

と、微笑んだ。

「あの子のあの性格からしてさ、瞳さんからラインが来たときに『今は恋人がいるからラインしないでください』とか言えると思う？」

「まあ、たしかに」

「でしょ？　そういうところを含めて春樹なわけだから、ラインするぐらいは許してあげてって思うんだけど、駄目かな？」

「……はあ」

結局、こうだ。基本的に穏やかな春樹は、無口で、めったに怒らなくて。わたしばかりがギャーギャーうるさくて、ひとりで空回りしている。そして、五郎くんや冬美さん、ときには凛子が「許してやって」と、わたしをなだめる。

店を出て冬美さんと別れてからも、胸の中はモヤモヤしたままだった。わたしはそのまま、行きつけのカラオケ屋に行った。

ミナミチヒロ。人数ひとり。1時間。受付で記入して、ウーロン茶を注文して、部屋に入る。ヘッドフォンをつけて、マイクを持つ。ここからは千尋ワールドだ。誰に気兼ねすることもなくひとりで演歌を歌いまくる。大勢で行ったときは、あまり積極的に歌わない。流行りのJ－POPだと、どうもリズムにうまく乗り切れなくて、いつもみんなに笑われてしまう。

でも実は歌には自信がある。ヘッドフォンから聞こえてくる自分の張りのある歌声にうっとりしながら、最後は『天城越え』の熱唱で締める。とりあえずいつものストレス解消法を実践して、わたしは少しだけ落ち着きを取り戻した。

喧嘩中でも、一応挨拶だけはちゃんとすること。

一緒に暮らすようになってから、春樹から課せられた条件だった。

「おはよう」

「行ってきます」

「行ってらっしゃい」

「ただいま」

「おかえり」

「おやすみなさい」

この1週間、わたしと春樹の間では他人行儀な挨拶ぐらいしかかわされていない。

「ハチにご飯あげてくれた？」

ときどき春樹に聞かれても、わたしは首を縦に振るか横に振るかでしか答えない。

そしてこの1週間、わたしはエッセイ売り場の前を通っていない。


ようやく望美ちゃんと早番の日が一緒になったので、久しぶりに拓己さんの店に行くことになった。金曜日だったせいか、店内は混雑していた。客のほとんどが若い女の子だ。

「いらっしゃいませー！　あ、千尋ちゃんと望美ちゃん。久しぶりじゃん。待ってたよー。カウンターでよかったら空いてるとこ座って」

拓己さんがカウンターの中から明るく声をかけてくれる。カウンター席に座って、中で調理している拓己さんの姿をなんとなく見ていたら、パッと顔を上げた。目が合うと、拓己さんはニコッと笑ってVサインをする。拓己さんの明るい様子に、こちらも自然に笑顔になる。

やがてビールと島豆腐のサラダ、ヒラヤーチーが出てきた。

「先輩、眉間の皺なくなったじゃないですか？」

「ホント？　あれからけっこう気になって、パックするようにしたもん」

「そうそう、これいいでしょ。メイクの上からでも保湿できるスティック」

望美ちゃんは化粧ポーチの中からスティックを取り出して見せてくれた。

「へえ。さすが情報通」

「最近、メイク用品の勉強してますよ。ほら、付録付きの女性誌多いでしょ？　女子大生たちって誌名じゃなくて付録の名前で『あの雑誌置いてあります？』って聞いてくるから、化粧品メーカーからアパレルメーカーまで把握してないといけないからたいへんで」

口ではたいへんと言いながらも、望美ちゃんの表情は生き生きとしている。仕事にやりがいを感じているのだろう。

「それにしても望美ちゃんが羨ましいよ。お正月に彼と温泉旅行なんて。その前にクリスマスもあるしさ」

「つきあい始めはこんなもんですよ。ここからどうやって続けていくかですよね。私、恋愛長続きしたことないんです、先輩と春樹さんみたいに」

「あんまり長いのもどうかと思うけど」

「えー、8年ってすごいですよ。想像できない」

「ときめきとかゼロだけどね。お互いの存在が日常の中に埋没してるっていうか」

「それが安定っていうんじゃないですか？　いいなー」

「うーんでもなんかさ、過去とか未来の方がきらきら見えるかも」

「過去とか未来？」

「過去の恋人とか、これから出会う予感とか」

「どうしたんですか、まさか別れちゃうんですか？」

「いや、実はさ……」

わたしは望美ちゃんにもこの間、瞳さんの本を発見したこと、春樹が連絡を取っていたこと、それからずっと挨拶以外は口をきいていないことを話した。

「元カノとラインかぁ……キツいなあ」

「だよね？　冬美さんたら、ラインするぐらい許してあげて、とか言っちゃって、結局春樹の味方だしさー」

「でもなんだろう。わたしがもしその瞳さん？　っていう人だったとしたらですよ？　昔つきあってた東京にいる年下の彼の名前が、ある日スマホの友だちの欄に出て来たら、やっぱり連絡取っちゃうかも」

そう言って、望美ちゃんはぐいっとビールをあおり、

「2杯目行きましょうよ。ほら早く、先輩もビールあけて」

と、わたしを急かす。わたしはまだジョッキの半分ぐらい残っていたビールを一気に飲んだ。

「あ、生ビールふたつお願いしまーす」

望美ちゃんは通りかかった店員にビールを注文する。

「何？　そういうもの？　望美ちゃんも、元カレに連絡しちゃうタイプなわけ？」

「だって、二度と顔見たくないとかそういうんじゃないわけでしょう？　遠くにいる年下の元カレ……って、シチュエーションがちょっと素敵っていうか」

たしかに、春樹の側から見ても、年上のきれいな元カノ、遠距離恋愛で離ればなれになったけれど、今は調香師として活躍している……なんて、ドラマのようなシチュエーションだ。しかも瞳さんは春樹にとってのすべての「初めて」を奪っていった人。その点にもわたしはとても引っかかっている。

「それでもし自分の本が出るなんていうことになったら報告しちゃうと思うんですよ。でも別に、だからどうってことはないんですよ。復縁したいとか、全然そういうことじゃなく」

「ふうん……」

自分だったらどうだろう、と考えてみる。でも、恋愛経験が豊富とはいえないわたしには想像がつかない。

「男の側からどうです？」

望美ちゃんは、ちょうどこちらに歩いてきた拓己さんに尋ねた。

「もう。望美ちゃんったらまた拓己さんを巻き込まないの。すみません、気にしないで仕事に戻ってください」

わたしは言った。

「いやいや、興味あるな。聞かせてよ」

拓己さんはカウンターから身を乗り出してきた。

「拓己さんって元カノとラインしてたりします？」

「ライン？　しないなあ。俺ってわりとフラれちゃうからさー、こう見えて」

「こう見えてって、見るからにそうですよ」

望美ちゃんはちょっと意地悪な口調で言った。

「えー、ひどくね？」

「だってなんか、拓己さんってみんなにやさしいじゃないですか、お調子者っていうか？　そういう人って、結局、自分だけを見てくれないから嫌なんですよ、女子は」

「望美ちゃん、痛いとこつくね。たしかにそうやってフラれてきた、俺の人生」

「でしょ？　わたしの高校のときの彼がまさにそういう人だったんで」

「お、てことは、俺のことタイプなんじゃん？」

「そういう無駄にポジティブなところもそっくり……。あ、それで本題はね、拓己さんはもしも元カノからライン来たら返事します？」

「それは普通にするでしょ。おおー元気？　って」

「普通に……か。やっぱりそうなんですね」

わたしはため息をついた。

「どしたの、千尋ちゃん、彼氏が元カノとラインしてるの？」

「そうなんですよね。それで、彼の方は平然としてるから、ちょっと喧嘩になっちゃって」

わたしは言った。

「そっか……。千尋ちゃんが嫌だって言ったら、彼氏はやめるべきだよな」

「そうですよね？」

ようやく味方を得たわたしは、目を輝かせた。

「わたしは嫌だと思ってる、って、ちゃんと言ってみたら？　千尋ちゃんやさしいからはっきり言ってないんじゃないの？　それでもやめないようならダメだよ、そんな奴！　俺ならそんなことで千尋ちゃんを悲しませないよ」

「……え？」

拓己さんの言葉に、思わず目を見開いた。

「なんですか今の、告白？」

望美ちゃんが拓己さんとわたしの顔を交互に見る。

「そ。告白！　♪もしもオレがヤツだったら〜絶対君を泣かせたりはしないのに〜」

拓己さんがわたしの方に片手を伸ばしながら、歌いだす。

「なんですか、その変な歌」

望美ちゃんは呆れた顔をしている。

「『星ティア』でアキトが好きなずっと片思いしてる子に歌うんだよねー」

拓己さんが言ったとき「拓ちゃーん、空いてるー？」と新しい客が入ってきた。

「おー、泉ちゃんいらっしゃい。ここ空いてるよー」

L字型になっているカウンターの反対側を指し、拓己さんは自分もそっちに行く。泉ちゃんと呼ばれたその客は、おしぼりで手を拭きながら、わたしと望美ちゃんをちらっと見る。

「拓ちゃんとか言って、あの人常連さんなんだね」

わたしは望美ちゃんにささやいた。

「しかもひとり飲み。30代ＯＬって感じですよね。完全に拓己さん狙いだな。この店、女の子ばっかりだし、拓己さん目当ての人がほとんどって感じじゃないですか」

「そ、そうなの？」

「普通わかりません？　先輩ってヘンに鈍感っていうか。あ、これ褒めてますよ？」

「とても褒めてるようには聞こえませんけど？」

わたしは望美ちゃんを軽くにらんだ。


飲んだ翌朝、出勤したわたしは、眠くて眠くて仕方がなかった。終電近くまで飲んだ上に、家に帰ってからフェイスブックで翔平先輩を検索してしまった。春樹が瞳さんとつながっているなら、という対抗心みたいなものもあったし、意外に周りのみんなが元カノや元カレとつながっていると知ったから、単純なわたしは影響を受けていた。とはいえ、翔平先輩は元カレだったわけでもなんでもないけれど。

ドキドキしながら翔平先輩のフルネームを入れると、呆気なく見つかった。そして、既婚一児の父だと知って、さらに落ち込んだ。フェイスブックは幸せ家族の日記みたいになっている。ついこの間は七五三だったみたいで、晴れ着姿の娘を抱っこしている翔平先輩が載っていた。とはいえ、画像は翔平先輩がアップしているわけじゃなく、奥さんが翔平先輩をタグ付けしているらしい。浮気予防のつもりなのかな、と、ふと思う。彼女が留学中に浮気の打診をしてくるような男だ。そりゃあ奥さんも心配だろう。それにしても可愛らしい奥さんと、娘さんだ。すぐに閉じればいいものを、スクロールして何枚も写真を見てしまった。

「あーあ、バカみたい」

見なきゃよかった、と後悔した頃にはもう夜中の2時を回っていた。それからお風呂に入ってベッドに入ってもなかなか眠れず……。そのうちに近所を新聞配達の自転車が走る音が聞こえてきた。思いきり睡眠不足だ。

ようやく、お昼の休憩時間になった。コンビニに行ってドリンク剤でも買って飲まないと、退社まで体力がもたない。エッセイ本のコーナーを通らないように事務所に戻ろうと歩いていると……。

「南?」

いきなり声をかけられ、びくりとして振り返った。

「え……修人?」

そこに立っていたのは、中3のときに告白してつきあった……と呼べるのかはわからないけれど、一応両想いになった初恋の相手、修人だった。

「おまえ、ここの本屋で働いてんだ」

スーツ姿の修人は、15歳の頃よりも背がすらりと高くなって、悔しいけれどいい男だ。

「ええ、そうなの。担当はコミック売り場だけど」

「俺は今、大阪なんだよ。で、たまたま出張でこっち来て、新横浜に着いたばっか。これから打ち合わせなんだけど、時間余ってるからうろうろしてたら南が目の前通り過ぎていくからびっくりした」

あ、これ、と修人がくれた名刺には、誰もが知っている都市銀行の名前が書いてあった。以前のサッカー少年の面影はなく、優秀で隙のない銀行員、という印象だ。

「わたしのはこれ」

わたしも修人に名刺を渡した。今日はたまたま出版社の新しい営業の人が来るというので、ポケットに名刺入れが入れてあった。

「また年明けに出張あるからこっちくるんだ。連絡するよ。このメアドに送ればいいんだよね」

じゃあ、と修人は帰っていった。笑うと口の端に皺が刻まれてカッコいい。それに比べてわたしときたら、お酒飲み過ぎてむくんだ顔で……。どうして絶好調の日に来てくれないんだろう、と自分の悲運さを嘆きながら事務所に戻った。

「ちょっとちょっと、さっきのイケメン、誰ですか？」

事務所に戻った途端、望美ちゃんに声をかけられた。望美ちゃんもこれからお昼休みのようだ。

「え、見てたの？」

「だって事務所の出入り口のすぐそばでしゃべってたじゃないですか」

「たしかに。それがさ、中3のときに告白して……10日ぐらいかな？　いやもうちょっとはあったかな？　とにかく短いうちに終わった初恋の人」

「そーなんだー！　その人が先輩訪ねてきたんですか？」

「違う違う。仕事の合間にふらっとうちの店に入ったらしいよ。そしたらばったり、みたいな」

「わあ、偶然、会ったんだ！　それって運命じゃないですか？」

「どこがよ？」

そう言いつつも、どこか気分は高揚している。

「千尋さん、モテ期到来ですねー」

「は？」

「だってなんか、名刺交換してませんでした？　それに拓己さんだって明らかに先輩のこと気に入ってるし。昨日だって告白してたじゃないですか」

「ちっとも告白じゃないでしょ。あの人はきっとみんなにああいうこと言うって」

「でも、わたしたちと話すとき、先輩を見るのとわたしを見る割合、7対3ぐらいですよ？　先輩もっと敏感になってくださいよ。女性誌いくつか見繕ってあげますから、よく読んでみてください」

望美ちゃんは笑っていた。


その日、家に帰ってから仕事のメールをチェックすると、さっそく修人からメールが入っていた。

件名『さきほどはどうも』。『南千尋様。さっきは驚いたよ。でも元気そうで何より。今度ゆっくり話しましょう。来月また出張があるので、近くなったら連絡します。よかったらそちらからもときどきメールください。須田修人』

ビジネスライク、といえばそうだ。でもちょっと、気分が上がる。

「それに……」

望美ちゃんは拓己さんがわたしを気に入っていると言っていた。

「え、どうしよう……」

わたしはクローゼットを開けて『ＬＯＶＥＲＳ，　ＤＩＡＲＹ』を取り出した。心を鎮めるためにページを開く。適当に開いたページは……。

【98　ふたりでタイムトリップするとしたら、どの時代に行きますか？】

千尋『春樹がまだ誰ともつきあっていなかったころ！　初めての彼女になりたい！』

春樹『未来、かな』

「え、わたしたちこんなこと書いてたんだ……」

この頃からわたしは瞳さんのことが気に食わなかった。瞳さんが気に食わない、のではない。春樹と瞳さんの美しい思い出が憎らしかった。でも春樹は、過去じゃなくて未来を向いていた。

「そりゃあ、平行線でもあたりまえか」

と、ため息をついたところに、

「ただいまー」

春樹が帰ってきた。慌てて『ＬＯＶＥＲＳ，　ＤＩＡＲＹ』をセーターのひきだしに入れて、クローゼットのドアを閉める。

「おかえり。夕飯食べた？」

わたしは久々に、春樹に挨拶以外の言葉をかけた。

第４章　2008年　秋

「ふたりの距離は、どれくらいですか？」

夏休みもそろそろ終わり。9月になったとはいえまだまだ暑い日が続いている。ある夜、わたしは風呂上がりにダイニングテーブルで紫蘇ジュースを飲んでいた。庭で栽培している赤紫蘇でマリちゃんが作ったジュースで、暑い日はこれが最高だ。食にこだわるマリちゃんは、梅干しやぬか漬け、ジャムなどはすべてお手製。あと何年かしたら山梨に帰って畑仕事をしながら暮らそうかしら、とよく言っている。

「ねえねえ、お祝いしようか」

向かい側の席に座ったマリちゃんは、満面の笑みを浮かべている。

「お祝いって何？」

「わかってるくせに。春樹くんとちーちゃんがつきあうようになったお祝いよ」

マリちゃんにはお節介オバサンみたいな面と、女子中学生みたいな面が同居している。

「まさか春樹くんとつきあうことになるとはなあ。すっかりマリちゃんに乗せられちゃったよねー」

口ではそんなふうに言いつつ、実はわたしも心の中では浮かれていた。ちゃんとした告白もなく、気が付いたら始まっていた恋。でも、数日前の突然のキスを思い出すと、胸がぎゅっと絞られたようになって、鼓動が早まる。実は今もあのときのシーンを何度もスローモーションにして再生していた。再生するたびに、体中がピンクのマシュマロになったように感じる。

「ところで次のデートは決めたの？」

「とりあえず未定。春樹くん、自転車仲間たちと旅行してるからさ。でも毎日メールは来るよ。明日あたり帰ってくるんじゃないかな」

「春樹くんのくれるメールって素敵そうね。あの子、言葉遣いがきれいじゃない。挨拶はきちんとするし、何かしてあげたらありがとう、って必ず言うし。ああいう子の書く文章は上手だと思うわ」

「そうかな？　根っからの理系人間だし、メール素っ気ないけどな。あ、そういえばね」

わたしは、今日、アルバイト先で買った本のことを思い出す。

「何？」

「……ん、やっぱなんでもない」

「何よ。言いかけておいて、思わせぶり！」

マリちゃんに軽くにらまれたけれど、わたしは適当に話題を変えた。


今日、バイト先で棚の整理をしているとき、ある本を見つけた。書籍コーナーと文具コーナーの、どちらともいえない場所に置いてあるその本のタイトルは『ＬＯＶＥＲＳ，ＤＩＡＲＹ』。ついさっき、仲の良さそうなカップルが買っていたので、なんとなく気になっていた。手に取って開いてみると、読み物ではなくて、恋人同士が３６５の質問に答えながら1年間つける日記だ。

【この本は、恋するふたりのための、質問日記です……】とあって、

【1　ふたりの『恋の誕生日』はいつですか?】

【2　出会いの場所は、どこでしたか?】

と、質問が続いている。

【22　ふたりがはじめてキスした思い出の場所はどこですか?】

というページを開いてしまい、ニヤニヤしてしまう。これはまずい。すぐに閉じて棚に戻したけれど、帰りに買うことにした。レジに出すとき、

「友だちで最近つきあい始めた子がいて、その子にプレゼントしようかなって」

聞かれてもいないのに、レジに入っていた社員さんにはそう言った。

「あら、じゃあラッピングする?」

「いいです。家に帰って自分でやりますから」

わたしは慌ててそう言った。


「あー、ジュースおいしかった」

「ゼリーも作ったよ。冷蔵庫に入ってる」

「やったー!」

マリちゃんが作る赤紫蘇のゼリーは本当においしい。いそいそと冷蔵庫に向かったとき、インターホンが鳴った。もう9時過ぎているけれど、宅配便? 走って行くと、モニターに映っ

ているのは……。

「春樹くん？」

「うん。遅くにごめん」

「あ、えっと……ちょっと待ってて」

わたしは慌てて玄関に走っていった。

「どしたの？　帰りは明日ぐらいかと……」

玄関を開けると、迷彩柄のパーカーを着た春樹が立っていた。

「明日用事があるから早く帰るっていう先輩がいて……俺も一緒に帰ってきた」

「そっか」

君の顔が見たくて早く帰ってきたよ……なんて、甘いセリフ言うわけないか。でも、寄ってくれたのはやっぱり嬉しい。

「あらー、春樹くん。やだ、入って入って」

マリちゃんがぱたぱた走ってくる。

「すいません、すぐ帰るんで」

おじゃまします、と、あがってきた春樹がパーカーを脱ぐ。

「春樹くん、外の匂いがするね」

パーカーを受け取ってハンガーにかけながら、わたしは言った。

「え、俺、汗臭い？」

「ううん、そうじゃなくて。実家で飼ってた犬のコタがね。お散歩から帰ってきて家に入れてやると外気の匂いがしたの。あの匂い好きで」

「ちーちゃん、コタと一緒にしたら失礼よ。ほら、いいから早く入って。なんか飲み物入れるわ。何がいい？」

マリちゃんはキッチンに行き、春樹はダイニングテーブルについた。４人掛けのテーブルで、春樹の定位置は、わたしの席の隣。マリちゃんがテーブルにいないときにふたりだけで隣り合っていると、なんだか居心地が悪い。

「お土産買ってきたんですよ。おいしそうな大福があったから。でも賞味期限が明日までだから今日持ってきちゃいました」

春樹がキッチンのマリちゃんに声をかける。

「あらー嬉しいわ。じゃあ温かいお茶にしましょ」

マリちゃんはお湯を沸かしはじめた。わたしは大福、という言葉でキスの味を思い出してしまう。

「ずいぶん日に焼けたね」

照れ隠しに、春樹に言った。

「陽射しキツイ中、１週間、走ってたからなぁ」

「春樹くんってホントにアウトドアなんだね」

「疑ってたの？　去年も今年もサークルの合宿、一緒に行ったのに？」

「うん。自転車乗るとか言われても、今ひとつ信じられなかった。見るからにインドア派だから」

「たしかによく言われるけどね。家の中でずっとゲームしてそう、って」

わたしたちが笑い合っていると、マリちゃんがお茶を淹れてダイニングに戻ってきた。

「ありがとうございます。いただきます。なんか、いきなり来ちゃってすみません」

「家に帰る前に寄ってくれるなんて嬉しいわ」

「あ、あとおもしろいうどん、見つけて。『帯うどん』っていうんですけど、ちょっとほうとうっぽい感じしません？」

春樹はマリちゃんにビニール袋を渡した。

「お土産たくさん悪いわね。そんなに気を使わなくてもいいのに。じゃあ今度来たときにみんなでこれ食べましょ」

大福を食べながら旅の話をして、いつのまにか日付が変わりそうな時刻になっていた。

「あら、もう遅いわね。わたしは寝るわ。大福おいしかったわ、ごちそうさま」

マリちゃんはさっさとダイニングを出て行ってしまった。わたしたちはまた、ふたり並んだマヌケな形で残される。

キスしてから1週間で。久々に会って。ええと、ふたりきりで近くにいて。こうなると、またキス？　ていうかわたし、お風呂から出てきてTシャツに短パンで……。心臓がドキドキし始める。

「そうだ。南にもおみやげ」

春樹はディパックのポケットから小さな包みを差し出した。

「え、何これ」

袋を開けると、出てきたのは携帯ストラップだ。ピンク色の透き通った石に、小さな天使の羽がついている。

「わあ、かわいい」

「天文台に行ったとき買ってきたんだ。かに座だよね」

「うん」

「よく見るとその石の中に星座のマークがあるでしょ」

春樹がわたしに体を寄せてくる。ふたりでストラップの小さな石をのぞきこんでいるから、ものすごく顔が近い。

「あ、ホントだ。ありがとう」

お土産を買ってきてくれたことは嬉しい。でも携帯ストラップ……イマイチ、ダサい。

「ん」

春樹がこっちを向いて、微笑んだ。目を上げると、すぐ近くに唇があって鼓動が高まる。こんな近い距離で、そんなにやさしい目で見るなんて反則だ。

「あ、あの。わたしも見せたいものがあって。見に来てくれる?」

わたしは緊張に耐えられなくなって、立ち上がった。


「こういうの買ったんだけど」

わたしは『LOVERS' DIARY』をさしだした。春樹は中をめくって見ている。

「ふたりで書き込むんだ」

「バイト先で見つけてね。可愛いからつい買っちゃって。嫌だったらいいけど……もしよかったら、ここに来るときだけでいいから、ふたりでつけたいなって」

「いいよ」

春樹から、あまりにも呆気ない返事がかえってきた。

「アネキともよくやらされたよ、こういうの。アネキが中学生で俺が小学校に入った頃だったかな。『今日学校で何を勉強しましたか?』とか書いてあるの」

「ほとんど先生との連絡帳だね」

「まさにそんな感じ。正直、面倒くさかった。まあ、アネキもすぐに飽きてやめたけど」

「そうなんだ」

「8歳違いだからさ。あれこれいろんなことやらされたわ。タチ悪いのがさ、俺に女装させたり化粧してハルミちゃん、とか呼んだり。もうやりたい放題。アネキだけならいいけど、アネキの友だちとかみんなでオレのことおもちゃにするんだよ」

「可愛くて自慢の弟だったんだね」

「そういうことじゃないだろ。トラウマにならなくてよかったわ」

「実は女装癖があります、とかないよね」

「ないない。でも一瞬、女嫌いになりそうになった」

笑い合いながら、春樹という人は家族に愛されて育った人なんだな、とつくづく思う。学食でうどんを食べた後も、トレーをきれいにしてから返却棚に置く。ゴミをくしゃっと丸めてゴミ箱に投げ入れたりするようなことも、春樹は絶対にしない。小さい頃から年上の女性たちの中で育ってきたから、マリちゃんともすぐなじめるし、前に話していた元カノも年上で……。と、考えて、慌てて打ち消す。

「じゃあこれ、とりあえず、一緒にこの日記、始めてくれるんだね」

「あんまり長い文章書いたりは得意じゃないけど、それでいいなら」

「もちろん！　じゃあまずここだけ書こう」

わたしは1ページ目の【恋の誕生日】はいつかという質問に『9月1日』と書き、2ページ目の【出会いの場所】は『大学』と、短く書いた。

「このへんは基本中の基本だね」

「次の質問は何？」

春樹がめくると【3　恋が生まれたきっかけは、なんでしょう】と出てきた。

「じゃあわたし書くね」

わたしはペンを手に『統計学の勉強を教えてもらったこと』と書いて、春樹に「はい」とペンを渡した。春樹は「うーん」としばらく考えている。そして『あのとき、見てたから』と書いた。

「どういうこと？」

「いや、あのとき、俺がパソコン設定してたのじっと見てたからさ」

「だから何？」

「いいじゃん、もう。俺はそう思ったから書いたの。それだけ」

春樹はパタン、と本を閉じてしまった。

「もう遅いから帰るね」

「……うん」

玄関まで送って行っても、わたしは口をとがらせていた。パーカーを羽織り、ドアノブに手をかけていた春樹は振り返り、まだわたしがむくれているのを見ると、一瞬ためらいながらもキスをした。もう、さっき感じたような外気の匂いはしなかった。

「怒らないでよ」

ひとこと言うと、春樹は帰って行った。しばらく玄関に突っ立っていたわたしは、また唇を尖らせたり、その唇に触れてなんだか口元をほころばせてしまったり……。

「あーあ」

どうして春樹という人はわたしをよくわからない気持ちにさせるのだろう。とりあえずダイニングに行き、テーブルに置きっぱなしだった携帯にストラップをつけていると、マリちゃんが起きてきた。

「春樹くんは？　帰ったの？」

「ちょっと前に帰った」

「へーえ。泊まってかなかったんだ」

「なんで泊まってくのよ！　てか、泊まっていいわけ？」

「わたしは春樹くんならいいと思うけどね。でも誠と明美さんに怒られちゃうわね」

マリちゃんはわたしの両親の名前を口にした。

「あなたをあずかるときに『しっかり監督頼むよ』って釘刺されてるから。ほら、わたしがこんなだから、かなり心配してるみたい」

マリちゃんは地元の短大に行けと言われたのに反対を押し切って東京に出てきて、お見合いをしろと言われたのにドタキャンして留学をして翻訳家になり、一回り年上でバツイチのスタジオミュージシャンと結婚した。当然、親戚の間ではかなり変わり者扱いされている。

「誠なんて『千尋が傷物になったら困るから』なんて言うのよ。イマドキそんな言葉使う人も珍しいわよね」

「実家にいたら、春樹くんがしょっちゅう遊びに来るなんて考えられないよね」

「でもあの子はいい子よ。信用できるわ」

「マリちゃん相当気に入ってるね」

「それなりに長く生きてるからね。心根のいい人はわかるわよ。大事にしなさい」

「うん、それはわかってる」

わたしは携帯につけたストラップをいじりながら、頷いた。

大学では、わたしと凛子、そして春樹と五郎くんで落ち合ってお昼を食べることが多くなった。4人のときは凛子と五郎くんもうどんを食べる。五郎くんは定番のカレーうどん大盛り。わたしたちは、この日は好きな天ぷらをトッピングした。

「ところで春樹くんはふたりでいるときも千尋のこと南って呼んでるの?」

ある日のお昼休み、4人テーブルでご飯を食べていたとき、ふと凛子が言った。つきあい始めてから3か月。もうそろそろ冬休みに入ろうとしていた。

「意外とふたりのときは甘い名前で呼んでたりしてな。ちーたん、とかさ」

五郎くんが笑いながら春樹を見る。

「五郎くんって彼女のことそうやって呼んじゃうタイプ？　うわ、気持ち悪っ」

凛子が顔をしかめる。

「安心して、こいつ彼女いないから」

春樹がすかさず言う。

「うるせーな。それよりどうなんだよ、ふたりのときも苗字で呼んでるの？」

「だってさ、ミナミって響き、名前みたいで可愛くない？」

春樹が五郎くんに答えたのを聞いて、

「何それ？　そう思って苗字で呼んでたの？」

わたしは目をぱちくりさせてしまった。

「たしかにミナミって名前の子もいるけどさ。チヒロ、って響きだって可愛いのに」

「俺ですら千尋ちゃんって呼んでるのに」

凛子と五郎くんが頷き合う。

「心理学の白石先生が言ってたよ。名前で呼び合うカップルの方が別れる確率が低いって」

凛子は言った。メディアにもよく出ている講師で、恋愛心理学の話など軽い話もするので学生には人気の授業だ。

「白石先生ってあのワイドショーとかバラエティに出てる人だろ？　美人だし面白いよね」

五郎くんは素直に感心しているのに、

「別れる確率が低いってさ……そういうのっていったい誰に聞いて統計集めてるんだよ……」

春樹はぶつぶつ言っていた。

その日は春樹もわたしも2限まで。春樹がわたしの家に来ることになっていた。もちろん、夜はマリちゃんと3人でご飯を食べる。今日は鍋パーティにしようと、マリちゃんは朝から本格的に出汁を取り、はりきっていた。

「呼び名のこととかこれまで考えてなかったけど……。年が変わったら、わたしのこと名前で呼んでみるっていうのはどう？」

「またそうやって五郎たちに触発されて……」

「じゃあお年玉がわりに、ちひろ、って呼んでよ」

「出た。お得意のパターン。そうやって誕生日プレゼントがわり、って言って、統計学の授業教えてーって」

「あ、後悔してるわけ？」

「そんなこと言ってないじゃん」

春樹は曲げた人差し指で鼻をこする。この仕草が、わたしはとても好きだ。これをされると、些細なことはどうでもいいかな、と思ってしまう。

結局、呼び名の問題は解消されないまま年が明けた。

凛子は風邪をこじらせたらしく、昨日から休んでいる。来週からは試験だし、心配だからお見舞いに行くよとメールを送ったら「うつすと悪いから来なくていいよ」と返信があった。でも心配だしどうしよう、と春樹に相談してみると「心配なら、必要そうなものを買って、玄関先で渡してあげたら？　あ、でも寝てたら悪いからドアノブにかけておくとか」と言う。凛子に一応伝えると「ありがと。お粥とか食べられそうなもの欲しいな」ということで話がまとまり、大学の帰りにふたりで凛子のアパートまで一緒に行くことになっていた。

待ち合わせは文学部棟の外階段。工学部は一番奥にあるので、帰りに待ち合わせるのはたいていここだ。寒い中、座って春樹を待っていると「久しぶり」と、声をかけられた。顔を埋めていたマフラーから目を上げると、翔平先輩がいた。

「……どうも」

去年の夏以来、わたしは翔平先輩を避けていた。そのうちに先輩は4年生になってほとんど大学に来なくなり、顔を見るのは本当に久しぶりだ。

「ゼミの教授のところに卒論のことで相談しに来たんだ。千尋ちゃんに会えてよかったよ。卒業する前に、ちゃんと謝らなきゃってずっと思ってたし……」

「別にそんな……」

気まずい。早く立ち去ってほしい。わたしは別に謝ってほしくなんかないし。

「千尋！」

そのとき突然名前を呼ばれて、わたしは振り返った。春樹が小走りでこっちに向かってくる。

「行こう」

春樹はそれだけ言うと、ダウンジャケットの背中を丸めたままさっさと歩き出した。

「あ、じゃあ先輩、失礼します」

わたしはすぐに立ち上がり、春樹を追いかけた。

今、名前呼んだよね？

その背中に問いただそうと思ったところで、春樹が振り返った。

「凛子ちゃんに買ってってあげるもの、そこのコンビニで揃うかな」

「そうだね、春樹」

わたしも呼び捨てにしてみると、春樹はうつむいて、鼻をこすった。


春樹との日々は穏やかに過ぎていった。

卒業後、わたしはみさき書店という大型書店に就職が決まっていた。イラストを描くのが好きなので、デザイン系の会社をいくつか受けてみたものの全敗。結局、アルバイト時代と同様に書店員になることになった。アルバイト先よりはずっと大手のみさき書店だ。いずれは内勤もあるのかもしれないけれど、結局、やることは変わらない。建築士を目指す春樹は大学院に進み、卒業を機に、郊外にある実家を出てひとり暮らしを始めた。大学院がある都心の街と、わたしが暮らす街のちょうど中間ぐらいの、１Ｋの部屋だ。

「狭っ」

初めて部屋を見たとき、思わず口にしてしまった。

「でも俺、小さいときから秘密基地とか作るの好きだったんだよ。小さいスペースって落ち着くし楽しいじゃん。それよりなにより嬉しいよ。初めての自分の家だもん」

どんなことにも文句を言わないのは春樹のいいところだ。その長所は、時にわたしを苛つかせる原因にもなるけれど、こんなふうにニコニコしている春樹を見ていると、穏やかな気持ちになってくる。

社会人としての日々が始まった。

わたしが配属された支店は横浜市内のJRの駅のそばにあり、マリちゃんの家からは1時間ほどかかる。客への対応、レジ、本棚の整理、在庫管理、返品整理など、覚えることはたくさんあったけれど、大学時代のアルバイト体験があるので、楽だった。同期の中では——とはいえ、同じ店舗に配属されたのは3人だけだったけれど、その中でわたしは断トツに物覚えがよく、重宝された。

「南さんは新人扱いしなくていいね」

上司に褒められると、悪い気はしなかった。同期のふたりに比べると、客への対応とレジの使い方はほぼ完ぺきだし、カバー掛けや、贈答のためのラッピングは、慣れている。地味な作業も多いし、お客さんに怒られることも多いけれど、わたしは刺激的な毎日を送っていた。

「それで、今はどこのコーナーにいるの？」

休みの日、カフェで向かい合っていた春樹が尋ねてきた。

「今は文芸。やっぱり花形コーナーだね。作家さんのサイン会もあるし。あ、でも来週は桐山リュウが来るんだって。写真集発売記念の握手会なんだけど、整理券すぐなくなっちゃって」

「その人誰？」

「知らない？　最近売れてる俳優で、今度、人気漫画が原作の映画に出るの」

「聞いたことないな」

「そっか」

なんだか最近、春樹との会話がはずまない。職場に行くと新しいことの連続で、毎日毎日、充実している。接待の席で隣り合って話した取次の男性はとても親切で頼れる人だった。ものすごく大人に見えたけれど、入社4年目と言っていたので3歳しか違わなかった。今日、文芸コーナーには出版社の営業担当の女性が来た。いかにも仕事ができそうな素敵な女性だった。作家や漫画家のサイン会などのイベントのときは憧れの人を前にして気持ちが高揚するし、そういう人たちと一緒に働けることが刺激的だった。

「春樹はどう？　大学院？」

「変わったことは特にないけど……あ、そうだ。猫、飼おうかと思って」

「は？」

予想外の答えが返ってきた。

「大学の構内に子猫が迷い込んできてさ。1週間ぐらい前かな、俺が友だちと一緒にベンチに座ってたら茂みの中からこっちのぞいてて。すごい可愛いんだよ。そのときは授業があったからそれっきりだったけど、次の日もまた見かけて。毎日だんだん近づいてくるんだよね。で、今日ついに俺の足元にすり寄ってきた」

珍しく饒舌な春樹に、返す言葉が見つからない。

「もうちょっと俺になついてくるようになったらうちに連れていこうかなって。できれば梅雨になる前にさ」

「春樹の部屋で飼うの？　ペット可だったっけ？」

「それはどうだったか忘れたけど、部屋の中で飼うならバレないかなって」

「でも猫飼ったら、長期の旅行とかも行かれないよ？　夏休みにふたりで旅行しようって約束したじゃない？」

「そういうときはアネキにあずかってもらうよ」

「だって冬美さんの家にはココがいるじゃない？　相性悪いかもしれないよ？」

冬美さんは数年前から、ひとり暮らしの部屋でトイプードルを飼っている。

「だったらアネキにキャットシッターに来てもらうって手もあるよ」

「そこまで考えてるんだ」

自分でも驚くほど、感じの悪い声が出た。

「あれ、千尋、猫苦手だっけ？」

「好きだよ？　でもさ、勉強たいへんなのに、猫なんか飼う余裕あるの？　インターンシップとかあるんじゃないの？」

わたしはなぜか、ムキになっていた。

「まあ、まだ別に飼うって決めたわけじゃないよ」

なんとなく気まずくなって、その話は終わった。コーヒーを飲む春樹の首ののびたTシャツを、わたしは冷めた気持ちで見つめていた。


1週間後の休みの日、春樹の家に行き、合鍵でドアを開けた。

「千尋、早くドア閉めて。ハチが出てっちゃうといけないから」

靴を脱ぐ前に、春樹の声が飛んでくる。と、同時に子猫が現れたかと思ったら、わたしの顔を見てさっと中に戻って行った。そして、春樹の後ろに隠れて、わたしを見ている。

「飼うことにしたんだ」

ムッとしつつも、子猫はかわいかった。顔の左半分が茶色。右半分が黒。なんだかちょっとマヌケなところがまたかわいい。顔がほころんでしまいそうだけれど、それも癪だ。

「前さ、あの日記に、猫飼ってもいいって書いてくれたじゃん」

春樹が言う。

「あの日記?」

とぼけてみたけれど、実はちゃんと覚えていた。『LOVERS' DIARY』の【あの人が子猫を拾ってきたらどうしますか?】という質問に「ふたりで飼おう! 子犬でもいいよね!」と、たしかにわたしは書いた。

「何それ。都合のいいところだけ覚えてるんだから」

「名前決めたんだ、ハチ」

「ハチって犬の名前じゃん」

「いいんだよ、春樹のハと千尋のチ、で、ハチ」

「何それ」

そんな名前の付け方するなんてズルい。もう、ハチを飼うことを反対できなくなる。

「じゃあ、よろしくね、ハチ」

わたしが手を伸ばすと、ハチはすぐに逃げてしまう。

「野良猫だったから警戒心強いんだよ。俺に懐くのも時間かかったから」

「ハチってオス？　メス？」

「女の子」

「ふうん、女の子の同居人か」

ハチの姿を探すと、カーテンに隠れてわたしたちをうかがっていた。


「今日は春樹くん来ないの？」

次の休みの日の午後、リビングでだらだらしていると、マリちゃんが声をかけてきた。

「だって今日、平日だから。春樹、大学もバイトもあるよ」

春樹はいまだに高校時代からアルバイトをしているカフェで働いている。もうどの社員よりもベテランだそうだ。

「夕飯食べに来ればいいじゃないの。連絡してみたら？」

「ハチいるし。なんかアイツ、ハチが来てからべったりだもん」

「あら、ちーちゃんヤキモチ妬いてるの？」

「なんで猫にヤキモチ妬くのよ」

そう言い返しつつも、心を見抜かれたような気もしてドキリとする。

「わたしも忙しいしさ。たまにはひとりでゆっくりしたいの」

慌てて言い添えてみた。自分が社会人になって、新しい世界がどんどん開けて行くのに、春樹はずっと春樹で、何も変わらない。そこに苛ついているのも事実だ。

わたしはイラストが好きだとはいっても趣味程度で、結局美大も受験する前にあきらめたし、行きたい会社には就職できなかった。挑戦もしないで妥協ばかりしている人生だ。だから、一級建築士になるために大学院に進学した春樹のことを尊敬していた。それなのに……。

「猫ちゃんだってひとりで留守番ぐらいできるでしょ。次の休みは連れてらっしゃいよ。わたしだって久々に会いたいわ。わたしから連絡しておこうかしら」

マリちゃんと春樹も、お互いの連絡先を交換している。

「ちゃんと伝えておくってば」

「忘れないでよ」

「しつこいなあ。今、しておくよ」

「だってちーちゃん、最近何かと、忙しい忙しいって言うから」

「……わかったってば」

その場で携帯を手に取り、春樹にメールを打った。しばらくすると返信がきた。

「来週の水曜日の夜、来るって」

「わあ、よかったわ!」

マリちゃんはわたしよりも嬉しそうだった。


水曜日は朝から目が回るほど忙しかった。開店ギリギリの時間に上司の気まぐれで、一度きちんと並べた平積みの本の陳列を並べ直した。それに今日はなぜか面倒くさいお客さんが多くて、年配の女性客に「タイトルは忘れたけど、あの朝のＮＨＫの番組で紹介してた本よ。知らないの？」と言われて必死でなんの本なのか検索したり、いかにも気難しそうな中年男性から「なんで今売れてる本なのに在庫がないんだ！　ちゃんと補充しておけ！」と怒鳴られたり、ベテランのパートのおばさんに「南さんは、今流行りの作家はご存じみたいですけど、いわゆる文芸の知識はあまりないんですね」と嫌味を言われたり、本を鞄に入れた万引き犯にいつ声をかけるべきかと迷っている間に逃がしてしまったり、裏で在庫管理をするときに積んであった本が落ちてきてパニックになったりと、精神的にも肉体的にもぼろぼろだった。パートのおばさんに言われたことが悔しくて『いわゆる文芸』モノと思われる本を数冊買ってきたから荷物は重いしで、くたくたになって家までの道を歩いていると、数メートル先に春樹の姿が見えた。

「はる……」

声をかけようとしたとき、春樹が足を止め、しゃがみこんだ。どうしたのかと思ったら、コンビニの前に柴犬がつながれていた。

「いい子で待ってて、偉いね。もうすぐ飼い主さん出てくるよ」

わたしが見ているのも知らずに、春樹は優しい顔で話しかけ、柴犬の頭を撫でてやっている。

やがてコンビニの自動ドアが開くと、柴犬がピクリと反応して尻尾を振った。

「よかったね。じゃあね」

犬の頭をぽんぽん、として立ち上がった春樹は、ようやくわたしに気づいた。

「なんだよ、いたなら声かけてよ」

そう言いながら、歩き出す。

「春樹って、犬がいるといつもああやって話しかけるの？」

わたしが聞くと、春樹は恥ずかしそうに「別に」と言った。

「今日さあ、仕事たいへんだったんだよ」

わたしは職場であったことを話し始めた。「うわ」とか「そりゃ無茶だ」と短く相槌を打ちながら、春樹は聞き役に徹してくれている。

「でね、悔しいからハードカバーの本たくさん買ってきたから重くて」

「持ってあげたいけど、俺も荷物、重いんだよなあ」

春樹が言う。

「何持ってきたの？」

「稲庭うどん。実家から大量に送ってきたからさ」

「またうどん？」

「好きなくせに」

「……好きだけどさ」

わたしたちは久しぶりに、肩を並べて夜道を歩いた。

第５章　2016年　冬

「あの人だけが持っているものって、なんでしょう。」

12月になった。この季節になると、街全体がそわそわ、せかせかしたムードに包まれる。マフラーに顔を埋め、寒さに身を縮めて歩いてきたお客さんが、店の中に入るとあたたかさに表情をゆるめる。ときには「ああ、あったかい」と口に出す人もいる。その瞬間を目にすると、わたしはふっと微笑みたくなる。

店内のディスプレイはこの季節になると、クリスマス仕様にさまがわりだ。児童書コーナーには特別コーナーが作られ、店に入ってすぐの雑誌コーナーに並ぶ女性誌や料理雑誌もクリスマス特集がずらりと並んでいる。

「先輩は春樹さんがいるから、クリスマスひとりで寂しい〜、なんて思いしたことないでしょ?」

ついこのあいだ、望美ちゃんと話している時に言われた。

「それはそうだけどさ。春樹ってイベントだから盛り上がろうとか、そういう意識があまり高くない人なんだよね」

「えっ、これまでの話聞いてるとわかる気もしますけど、さすがにクリスマスぐらいは……」

「これ言うとたいてい驚かれるけどさ、春樹ってディズニーランド行ったことないんだよ?」

「そうなんですかっ?」

望美ちゃんは目を真ん丸くして驚いていた。

そう。わたしは高校時代の修学旅行で行ったこともあるし、女友達となら何度か行っている。でも春樹とはない。春樹は人工的なレジャー施設があまり好きじゃない。

というわけで、クリスマスイブからクリスマスにかけてはずっと一緒に過ごしてきたし、プレゼントだって交換してはきたけれど、とくに盛り上がったことはなかった。きっと今年も、どこかで買ってきたチキンでも食べて普通に過ごすのだろう。

『明後日から出張です』

ある日の休憩時間、スマホでメールをチェックしていたわたしは、件名を見て声を上げそうになった。初カレ——と呼んでいいのかどうかは微妙だけれど——の修人との思わぬ再会をしたのが1か月前だ。大阪在住の修人は、年明けにまた出張でこっちに来るからそのときは連絡する、と言い、その日のうちにメールをくれた。わたしも返信メールを打った。

『わたしも驚きました。もしまたこちらに来るようであれば、連絡ください。このアドレスは仕事用なので、こちらに送ってくれると嬉しいです。chihiro0901@……』

何度か文章を書いたり消したりしながら、結局は一番素っ気ない文章に落ち着いた。すぐに返信するのもどうなのかと思い、一度下書きフォルダに保存し、次の日に送信ボタンを押した。

あれから1か月。連絡があるとは期待はしていなかった。しないようにしていた。高1の春、あんなに連絡を待っていたのにくれなかった修人。どうせ今回も同じようなことになるのだろう。今度ゆっくり飲みましょうとか、そんなのはどうせ社交辞令だ。そう思っていた。

でも、メールはきた。本文を読んでみると……。

『こんにちは。出張の日が決まりました。明後日の夜、近くで飲まない？　都合が合うようだったら待ち合わせの場所と時間を指定してください。こちらは6時半以降に横浜近辺なら大丈夫です』

「え？」

今度は思わず声に出ていた。

明後日の夜は空いている。早番だから6時には上がれる。しかも、春樹は明後日、入院中のおじいさんのお見舞いのために1泊で秋田に行くことになっていた。その日、望美ちゃんは遅番だし、凛子をはじめとする大学時代の友だちも都合が合わず、わたしはなんの予定もなかった。そんな日に、修人からの誘い……。

今回は1日置いてから返信している場合じゃない。明後日のことだからすぐに返信しよう。『飲みに行く！　いろいろ話そう！　あのときの恨みつらみもぶつけたいし！』というのが本音ではあったけれど、もちろんそんなことは書かない。

『明後日、大丈夫です。横浜近辺なら6時半から7時には着けると思います。そちらで時間と場所を指定してください。向かいます』

うん、これでいいよね。誤字脱字もないし、大人の女としての返信だよね。

わたしはドキドキしながら返信した。

待ち合わせは7時にみなとみらいの駅ビルのスタバと決まった。当日。7時より少し前に着いたので、メイクを直すために駅ビルの化粧室に入ろうとしたところ、ラインに着信があった。ロック画面で確認すると、春樹からだ。

『じいちゃんは意識回復しました。とりあえずホッとしてます』『あ、そうだ。ハチのご飯、頼むね！』

画面を見て未読のまま、メイクを直す。そして待ち合わせのスタバに向かい、店内をぐるりと見回すと、修人がいた。コーヒーを飲みながら本を読んでいる姿がサマになっている。近くに行って、声をかけた。

「ごめん。待たせちゃった？」

「いや、読みたい本があったから。ここいいよね。買う前の本が読めて。どうする？　南もなんか注文する？　それともすぐ出る？」

「とくに喉かわいてないし、行こっか」

実を言うと、スタバでの注文はいまだに苦手だ。

「じゃあ出よう。あ、ちょっと待って。この本、買ってくわ」

マグカップに残っていたコーヒーを飲み干し、本を買って、コートを着る。その一連の仕草はとても洗練されていた。スタバで飲み物の注文もろくにできないわたしとは大違いだ。

「お店どこか考えてる？」

店を出たところで修人に聞かれた。

「わたしが知ってるのは駅ビルのイタリアンかな」

「駅ビルかぁ。せっかくだから少し歩かない？　俺、みなとみらい久々に来たし」

きちんとプレスされた紺のコートを着た修人と並んで外に出た。冷たい風が頬をさす。

「うわぁ、きれい……」

ケヤキ並木のクリスマスイルミネーションが見事だった。周りにいるカップルたちが、立ち止まって写真を撮っている。

「この季節はやっぱり外を歩かないと」

「このあたりは詳しいの？」

「大学が1、2年のとき横浜キャンパスだったから」

「修人はH学院だよね？」

「そうそう。一応、横浜キャンパスっていう名前なんだけどさ、横浜まで出てくるの遠いんだよ。すげー山の上にあるし。横浜で生まれ育った人からすると、あそこは横浜って呼ばない、ってバカにされるんだよな」

「あはは、わかるわかる。住んでる場所にプライド高い人いるよね」

「南はどうしてたの。大学でこっち来たの？」

「わたしはS大行って、そのまま就職した」

「S大か。サッカー部の吉田もたしかそうだよ。1浪して経済学部だったかな」

「そうだったの？　全然、知らなかった。キャンパスですれ違ってたかもしれないのに」

「すれ違っててもわからないよ。ハタチぐらいのときに一度、サッカー部のOB会で会ったんだけど、吉田、金髪ロン毛でさ。音楽サークル入ってボーカルやってるんだって言ってた」

「えー、あのおとなしそうだった坊主頭の吉田くんが？」

他愛もないことを話しながらプロムナードを歩く。観覧車がきれいだ。笑っちゃうぐらいのデートの定番スポットで、歩いているカップルたちはみんな寄りそっている。そんななか、わたしは慎重に修人との距離を置いて進んでいく。

しばらく歩いて寒くなってきたので、赤レンガ倉庫の近くにあるダイニングバーに入った。

「とりあえず、久しぶり、ということで」

ふたり掛けの席で向かい合い、赤ワインで乾杯した。

「それにしても偶然会うとはな。15歳からだから……13年ぶり？」

「でも、よく、わたしだってわかったね」

「だって全然変わってないもん」

「えー？　それは、10代の頃と変わらずに若いってこと？　それともあの田舎の女子中学生のままってこと？」

「いや、本屋で見たときは瞬間的に声かけてたんだよ。何か考える前に『南！』って呼んでた」

「修人は変わったね。一瞬誰だかわからなかった」

「そう？」

「サッカー少年が、すっかりエリート銀行マンって感じ」

放課後、わたしはいつもサッカーの練習をする修人を見ていた。美術部の活動のある火曜日と金曜日は美術室から、それ以外の曜日は、校庭でおしゃべりをするふりをして。あの頃、日焼けした顔でさらさら髪をなびかせてボールを蹴っていた修人は今、ワックスでびしっと決めた髪型で、黒縁眼鏡の奥の目を細めて微笑んでいる。

それからお互いの仕事の話をしたり、修人が面白おかしく大阪での暮らしぶりを話したり、ひとしきり盛り上がった。

「そういえば古沢くんと由香、結婚したんだよ。知ってた？」

わたしは、去年結婚した、中学の同級生の話題を口にした。

「え、そうなの？　あいつらってつきあってたっけ？」

「こっちにいる子たちで年に1回ぐらい集まるんだけど、そのとき再会してつきあいだして、交際半年でゴールイン」

「へえ、今でも集まりなんかあるんだ」

「修人はあんまり地元の子とは会わないの？」

「さっき話した、ハタチのときにやったOB会に1回行ったっきり」

「あんなにみんなと仲良さそうだったのに、意外」

サッカー部の男の子たちは目立つ存在の子が多くて、放課後や休日もよくつるんで遊んでいるようだった。

「だってさ、今さら会っても話すことなくない？　OB会のときも、アイツらって結局、中学の頃と同じ話してるし、進歩ないっていうかさ。時間と金の無駄だなって思っちゃって」

「まあたしかに、集まると毎回同じ話してるけどね」

「そういうのがつまらないんだよな。刺激がないっていうか。昔は狭い世界で生きてたけど、高校、大学、って、だんだん自分と同じぐらいの実力の人間の集まりになるわけだから、ステージが上がっていくじゃん？　そっちが俺の居場所だなって気づいたんだ」

「修人はリア充だからそう思うのかもね」

とりあえずこの話は終わりにしたくて、そう言ってみた。

たしかに、わたしも就職して急に自分を取り巻く世界が変わったとき、いつも変わらない春樹を見て苛ついたことがあった。「今日、エージェントの人と会って打ち合わせしてね」とか「今日の飲み会に、ベストセラー連発してる編集者さんがいたんだけどさあ」なんて得意満面で話していた自分が恥ずかしい。

「リア充？　俺が？　そんなことないよ。寂しいバツイチひとり暮らしだもん」

修人からは、意外な言葉が返ってきた。

「バツイチ？　結婚してたの？」

「そ。職場の後輩と2年前に結婚して、この夏に離婚が成立したばっか」

「そうなんだ。たいへんだったね」

とりあえず頷くしかなかった。もっと詳しく聞いてみたい気もするけれど、13年ぶりに会ったわたしが聞いていいのかどうか、微妙な空気だ。

「最近ようやく落ち着いたって感じかな。幸い、子どもはいなかったから、養育費とかそういうのはなかったし。俺はまだ早いと思ってたのに向こうに押し切られたみたいな結婚だったから、正直、すっきりしてるとこもある。ま、とりあえず自由を満喫するよ」

修人はそう言うと「南、まだ時間大丈夫？」と、尋ねてきた。

「ああ、うん」

時計を見ると、10時前だ。終電まではまだ2時間近くある。

「感じのいいバー知ってるんだ。つぶれてなかったらまだやってると思うからさ、行こうよ」

修人は割り勘にしようとしたわたしを制して会計を済ますと、カウンターしかない洒落たバーに移動した。

「よかった。まだ店あった。大学2年のとき以来だから」

「大学生でこんな大人っぽい店に来てたんだ～」

わたしはといえば、居酒屋か、うどん屋にばかり行っていた頃だ。

「とりあえず、もう一度、乾杯」

修人はマスターとあれこれ話して、わたしの知らない名前のお酒を頼んだ。わたしはキールを注文して、グラスを合わせる。

「さっきは俺の話ばかりしちゃったけど、南は？　彼氏はいるんでしょ？」

「……大学時代からつきあってる人がいるよ」

「すげー。じゃあ10年ぐらい？」

「8年ちょっと、かな？」

「俺はその間に何人かとつきあって、おまけにバツイチになってるよ」

修人は笑った。

「そんなに長くつきあってて、結婚しようってことにはならないの？」

「うーん。3年前から一緒に暮らしてはいるんだけどね。なんだかもう熟年夫婦みたいだよ」

「そういうことか」

「え？」

「だから今日も来てくれたんだなって」

修人が、ふっと笑いながらわたしを見る。

「……どういう意味？」

「彼氏とめっちゃラブラブだったら、俺の誘いに乗らなかったんじゃない？」

「……そんな。だって修人とは同級生だし、久しぶりで懐かしかったし」

わたしは動揺しつつも、なんでもないことのように笑顔を作った。

「でも一応、俺たちつきあってたじゃん？」

「つきあってたって言えるのかな？」

ちょっぴり皮肉も込めて、言ってみた。

「つきあってたでしょ。一緒に帰ったりデートしたりしたじゃん」

「えー、でも覚えてる？　高校生になってすぐ、ショッピングモールで会ったときのこと。修人あのとき、同じ高校の女の子と一緒だったよね？　あれは高1の女の子にとってはかなりショックだったよ」

「いや、俺も幼かったから、近くにいる子に情が移っちゃったっていうか……。南とは自然消滅っぽくなっちゃったこと、悪かったと思ってたよ」

「調子いいこと言ってるし」

「結局、あの子とはすぐダメになっちゃってさ。可愛かったけど、すっげーワガママですぐ怒るし泣くし。学校で俺がほかの女子と話してるだけで、ものすごい目でにらんできたり、重かったなあ。南の方がずっといい子だったなって、後悔してた」

修人の発言に呆れながらも、

「……わたしはけっこうトラウマになったけどねー。恋愛トラウマ」

冗談めかして言ってみる。

「だったら、今からリベンジさせてくれない？」

「え？」

「あの頃のやり直し」

「……意味わからない」

「わかるでしょ。もう15歳じゃないんだから」

修人はカウンターに肘をつき、わたしを見つめている。その視線を感じながらも、わたしは目の前のグラスを見ていた。

「新横浜のホテルに泊まってるんだ。おいでよ」

「……そんな」

「そっちだってそういうつもりあったんじゃないの？」

「別にわたしは……」

わたしはうつむき、唇を噛んだ。

そういうつもりなんてまったくなかった、とは言い切れない。修人と再会して、また連絡するよと言われたこの1か月、ときめいていた。メールがあって、実際に会えることになった2日前からずっとどんな服を着ていくか悩んだし、ファーのストールを新調した。それに……。持っている中で一番いい下着をつけてきた。「もしかしたら」という気持ちが1ミリもなかったかと言われたら、そんなことはない。

「8年間ずっと彼氏ひとすじだったの？」

「……そうだけど」

「すげーな、信じられない。むかしからちょっと硬いイメージがあったけど、今もそうなんだ」

「硬いイメージ？」

「家の門限、6時だったっけ？　そりゃないわー、って」

「そう……だったかもしれないけど」

「高校生ぐらいの男って、キスしたいな、とか、ヤリたいな、とか、そういうことばっか考えてるじゃん？　でも南はさせてくれそうもなかった」

「そりゃあ、あの頃は何も知らなかったけど……」

でも、修人と手をつなぎたいとか、もっともっと近くなりたいという気持ちはあった。何しろ少女漫画が大好きだったのだから、恋愛に対する憧れは強かった。

「今はもう、あの頃の南とは違うだろ？　たまには遊んでもいいと思うけど？」

修人の顔が、近づいてくる。

「……ハチが、待ってる」

自分でもよくわからないけれど、わたしは咄嗟にそんなことを言っていた。

「え？」

「うち、猫飼ってるの。猫にご飯、あげないと」

「あれ、彼氏は？　家にいないの？」

「今日は、おじいちゃんのお見舞いで秋田に行ってて、帰ってこないの」

ハハッ。修人は声を上げて笑った。そして、さりげなくわたしの腰に手を回してきたかと思うと、ぐっと力を込めた。

「じゃあ、まさにこれ以上はないっていうぐらいのシチュエーションじゃん？　泊まっていってもいいよ？　明日の朝はそんなに早くなくていいし」

「猫がいるから無理」

わたしは、さらに近くなった修人の視線から逃れるようにうつむいた。

「猫のエサなんかいいじゃん。一晩ぐらいあげなくても」

その言葉を聞いた途端、わたしの中で何かが切れた。

「放して」

本当は怒鳴りつけてやりたいところだったけれど、カウンターの中のマスターと目が合ったので、声を押し殺した。

「放して、って言ってるの」

わたしの様子がただごとではないと感じたのか、修人は力をゆるめた。わたしは立ち上がり、お財布の中から千円札を抜き取ってカウンターに置き、店を出た。

コートの襟に顔を埋めながら、赤レンガ倉庫前の石畳をガシガシ歩いた。耐えられなかった。生理的に嫌悪感が走った。修人にも、自分にも、だ。

春樹だってずっと瞳とラインをしていたんだからわたしだって。そんな気持ちもあった。でも、くだらない。たまに近況を連絡し合って、本を出版する瞳におめでとうと言ってあげた春樹は、やましいことがないからこそ平然としているんだ。そんな春樹に比べて、今わたしがしていることといったら、なんて汚らしいんだろう。

中学生のわたしが好きだった爽やかなサッカー少年の修人とは、もう全然、違う人になっていた。いや、昔からそうだったのかもしれない。ただ見抜けなかっただけなんだ。だいたい、人に恋愛トラウマを植え付けておいてあの言い草はなんだ。わたしのことを、あんなふうに小手先のテクニックでごまかされるような人間だと思ってるのか！

「春樹がいい！」

無意識に、口から出ていた。

「春樹がいい、春樹がいい、春樹がいい！」

涙がこぼれそうになるのを必死でこらえながら、カップルたちであふれる道を、歩き続けた。


玄関を開けると、ハチが近づいてきて、なー、と鳴いた。

「ごめん、お腹空いたよね。ちょっと待っててね」

キッチンの下の棚からキャットフードを出して、皿に入れてあげる。

「エサじゃないよね。ご飯だよね」

食事中のハチのそばにしゃがんで、話しかけた。食べ終えたハチは、わたしの顔を見もせずに離れていき、部屋の隅で肉球をなめている。春樹と一緒に住むようになって3年経つのに、ハチはまだわたしにはよそよそしい態度をとる。寝るときも、春樹の布団には入ってもわたしの布団には入ってこない。寒い時期は、ハチが春樹の脇の下にすっぽりおさまって眠ってしまう。ハチにとってわたしはまだまだ「後から現れた同居人、しかも邪魔」という格付けらしい。

「ハチは春樹が大好きなんだよね。春樹やさしいもんね。わたしも春樹がいいよ」

黒と茶色のブチ模様の背中に話しかけていたら、ふと記憶がよみがえった。

そういえば、大学のときも似たようなことがなかったっけ。

あれは大学1年生の秋。学食で春樹と一緒にいたときに翔平先輩を見かけて、そのあと春樹に翔平先輩のことを話して、午後の授業を受けてからアルバイトに行って……。

その日、昼間はやけに暖かかったのに、店を出たときは、ぐんと気温が下がっていた。早足に歩き、ようやく駅に着いたとき、バッグの中で携帯が鳴った。見ると、翔平先輩からだ。

「え、なんで先輩……？」

夏に浮気相手としてつきあわないか、という申し出を断って以来、わたしは翔平先輩を避けていた。でも、嫌いになったかといえばそうじゃない。ほかに好きな人ができたわけでもないし、心は宙ぶらりんなままだった。もしかしたら彼女と別れて連絡をくれるんじゃないか。そう期待していなかったといったら、嘘になる。だから、ほんの一瞬迷いはしたけれど、結局3コールめぐらいで応答ボタンを押した。

「もしもし？」

行き交う人たちの流れを避け、柱の陰に隠れるようにして電話に出る。

「千尋ちゃん？　元気？　さっき、学食で見かけたからどうしてるかなって」

わたしに気づいてたんだ。でもすぐ行っちゃったんだ。声かけられても困るけど。と、いろいろな気持ちが胸の中を行き来する。

「男の子と一緒にご飯食べてたでしょ」

「ああ、もうひとつ入ってるサークルの方の友だちで。えっと……翔平先輩、急にどうしたんですか？」

「さっき千尋ちゃん見たときに思い出したんだけど、千尋ちゃん、翻訳家の伯母さんと住んでるって言ってたじゃない？」

「……はい」

いきなりマリちゃんの話をしてきた翔平先輩が、何を言いたいのかわからない。

「それでね。相談というか、お願いがあるんだ。千尋ちゃんの伯母さんに、そっち方面の人を紹介してもらうことってできないかな？」

「そっち方面の、人？」

「今、就職活動中なんだけど、テレビ業界か広告業界に行きたいと思ってて」

そういうことか、と、なんとなく話が読めてきた。

「でもなかなか就職厳しいから、ちょっとでもいいからコネとかあるとありがたいなって。クリエイティブな仕事ができるところがあれば、大手じゃなくてもいいんだ。そういう会社の人に紹介だけでもしてもらえないかと思って……」

コネ？　クリエイティブ？　紹介？　この人は、いったい何を言っているんだろう？　寒いとはいってもまだ凍えるほどではないのに、なぜか全身が震えてきた。思わず羽織っていたパーカーの前をかきあわせる。

「……伯母は、そういうことには役に立てないと思います。ごめんなさい」

それだけ言って、電話を切った。携帯を手にしたまま、力なく柱にもたれ、しばらくそこから動けなかった。血の気が引いて、心臓がドクドク音を立てている。

「……なんでわたしがごめんなさいって言わなきゃいけないんだろ」

ひとりごとを呟くと、歩いていた人がわたしを見た。でもかまわない。

「ムカつく！」

さっきより大きい声で言い、唇を噛みしめた。屈辱的な思いというのはこういうことをいうんだ。携帯をバッグに放り込み、わたしは家に帰る私鉄とは違う路線の改札をくぐった。降りたのは、春樹がアルバイトをしている駅だ。春樹もわたしも木曜日はうどん同好会とアルバイト。いつかそう話したことがある。駅ビルのカフェとしか聞いていなかったけれど、レストランフロアにカフェは1軒しかなかった。入り口から中をのぞいてみる。

「いらっしゃいま……あれ？」

こちらに歩いてきたのは、春樹だった。ストライプのシャツと黒いパンツにカフェエプロンという制服姿が、いつもよりも春樹を大人っぽく見せている。

「どしたの？　ひとり？」

「……うん」

春樹の顔を見た途端、我慢していた涙がこぼれそうになる。

「じゃあ、こちらにどうぞ」

春樹は窓際のテーブルに案内してくれた。時計を見ると、10時10分前。もう閉店間際なので、店内はがらがらだ。とりあえずカフェラテを注文する。くまの顔のラテ・アートを見て、ふっと笑みが漏れた。一口飲んでほっと息をついていると、春樹が声をかけてきた。

「時間、大丈夫？」

「うん」

「あともう少しで終わるから下で待ってて」

春樹はそう言って、仕事に戻っていった。

駅前のロータリーで待っているとメールを入れて、ベンチに座っていた。カフェラテで体が温まったおかげか、さっきほど寒くはない。

「ごめん！」

10時過ぎに、春樹がやってきた。手にコンビニの袋を持っている。

「おでん買ってきた。食べない？」

「……食べる」

おでんのにおいを嗅いだら、急にお腹がすいてきた。

「はい」

春樹はわたしが座っていたベンチの隣に腰を下ろし、割り箸を渡してくれる。

「あー腹減った。いただきまーす。あ、おでんの具は何が好き？」

「え？　なんだろ。大根かなあ」

「やっぱりおでんの基本は大根だよね。そう思ってふたつ買ってきたから大根は1個ずつね。ちくわぶもふたつあるよ。好きでしょ？」

「小麦粉系だから？」

「そうそう。うどん好きにはたまらないよね。あ、ゆで卵は？　食べる？」

いつもの春樹よりも、よくしゃべる。元気がないわたしを気遣ってくれているのだろうか。でも、どうして突然アルバイト先にやってきたか、聞かないのが春樹らしい。

「卵はいらない。はんぺんちょうだい」

「はんぺんは俺も食べたいな。あー、ふたつ買ってくればよかった」

「じゃあ食べていいよ」

「半分こしよう」

春樹は割り箸をひっくり返して、はんぺんを半分に分ける。

「味が染みてておいしいね」

「これからの季節はおでんだよ」

そんなことを言いながら食べていると、だんだん元気になってきた。

「今日は新月だね」

春樹が空を見上げた。

「え？　新月？　月、ないじゃん」

「新月っていうのは月が見えないんだよ。月齢がゼロってことだから」

春樹はそう言った後、ふっと笑った。

「あ、今呆れて笑ってたでしょ？　ホント？　こいつバカだなあって顔してたよ」

「この前中秋の名月だったってことは知ってる？」

「そういえばニュースで言ってた気がする」

「その中秋の名月の日から、どんどん欠けていったんだよ。俺、満月よりも新月の夜が好きなんだ。星がよく見えるから。ほら、あれが秋の四辺形」

春樹に言われて目を凝らしてみたけれど、よくわからない。

「えー、どこ？　全然わかんないよ」

「俺、小学生の頃からけっこう星好きで、教室の本棚にある星の本、夢中になって読んでたんだ。休み時間にみんなと校庭に遊びに行かないで本ばっか読んでるから、先生が心配してさ。無理やり校庭連れていかれてやりたくもないドッジボールやらされたよ」

春樹は人差し指で鼻をこすりながら笑った。

「わたし、三日月は好きかも。三日月の形のペンダントも持ってたなあ」

「笑ってる人の口みたいだよね」

「そんなふうに見たことはないなあ」

「そう思って見てみて。なんかかわいいよ」

「月をかわいいなんて思ったことなかったわ」

「あ、そうだ。新月って願い事するのにいいらしいよ」

「そうなの？　春樹くん、さっきから女子みたいなこと言ってない？」

「これはアネキのウケウリ。これから満月になっていくパワーを利用するとかなんとかって、よくお願いしてた。ライブのチケットが取れますように、とか、そんなんばっかだったけど」

「じゃあ、お願いしてみる」

わたしは目を閉じた。

もっと強くて、素敵な人間になれますように。

わたしは願った。

目を開けて春樹を見ると、ベンチの後ろを向いて、空を見上げていた。

「北の空はカシオペアが見えるよ。北極星の少し上」

「まず北極星っていうのがよくわからない」

「あの明るい星。カシオペアはWの形の」

「無理だよー。てか、春樹くん、目が良すぎない？」

「俺？　左右2・0」

「ホント？　空見上げ過ぎた結果じゃない？　そのうち3・0ぐらいになるかもよ」

わたしが笑っていると、

「寒くない？　そろそろ帰ろっか」

春樹が立ち上がる。

「うん、ありがとね。おでんごちそうになったから来週、学食のうどんおごるよ」

「マジ？　天ぷら全種類トッピングしよっかな」

「それは勘弁！　イモ天で許して」

「せめてエビ天にしてよ」

そんなことを言いながら、わたしたちは改札を入って、バイバイ、と別れた。

「そっか、あんなこともあったな……」

もう二度と屈辱的な思いはしたくないと思って願いごとまでしたのに。10年経って、またこんな思いをしてしまった。

「まだ、強くて素敵な人になれてないってことか～」

ソファの背もたれに寄りかかって脱力しているわたしを、ハチがちらりと見る。

「あ、もしかして……？」

わたしは立ち上がって、クローゼットの中から『LOVERS, DIARY』を出してめくってみた。

【8　はじめてふたりきりになったのは、いつでしたか？】
千尋『うどん研究会のときは学食だからふたりきりとはいえないよね？　だとすると……パソコンを設定してもらったときだね♡』
春樹『星を見た夜』

そのページにはそう書いてあった。わたしは春樹の答えの横に矢印を引っ張って『何それ、夏合宿の夜のこと？　あのときはみんないたじゃん！　ふたりきりじゃないよ！』と書いているけれど……。

「わたしが間違ってたんだ……」

翔平先輩から電話をもらった事実があまりに屈辱的で、記憶から消していた。電話をもらったのは後にも先にもあのときだけ。つまりわたしを利用しようと思ったときだけだと気づいて、あの後もしばらく立ち直れなかった。

「そっかー。春樹は初めてふたりきりになった日をちゃんと覚えてくれたんだ」

苦笑いしながらそのページを見ていると、スマホが震えた。リビングのテーブルに戻ると、春樹からラインが届いていた。

『ばあちゃんちに帰る途中の星空。プラネタリウムみたい』

メッセージと、画像が送られてきた。

「うわあ」

春樹の言う通り、本当にプラネタリウムみたいだった。春樹は星空を撮るためのカメラアプリをダウンロードしていて、ひとり旅に出たときは帰ってきてから撮影した空を見せてくれる。でもこんなふうにラインで送ってくれたのは初めてだ。

『ラインありがとう。ホントにきれい！　いつか一緒に見たいな、秋田の空』

わたしはすぐに返信した。

第６章　2013年　春

「そばにいてほしいのは、どんな夜ですか？」

春樹とつきあいはじめてから5年、気が付くとわたしは20代も半ばになっていた。春樹は大学院を終えて都内の設計事務所に就職し、わたしはコミック売り場の担当になった。わたしたちは小さな喧嘩——主にわたしが怒るだけだけれど——を繰り返しながらも、なんとなく日々を送っていた。

新緑がまぶしい5月半ばのある日。わたしはその日は休みで、春樹が仕事帰りに家に遊びに来ることになっていた。

「社会人になった春樹くんに会うの楽しみだわ」

マリちゃんとわたしは、ダイニングでおやつを食べていた。昨日、マリちゃんが仕事関係者からもらってきたロールケーキだ。

「社会人になっても別に変わらないけどね。春樹の会社面白いんだよ。社員は15人ぐらいなんだけど、社長さんがいい人でアットホームな雰囲気らしいよ。オフィスにあるキッチンでお昼作って食べてもいいんだって」

「あら、春樹くんに合ってるんじゃない？」

「どうだろうね。春樹ってあんまり感情の起伏がないから、いつもと変わらない様子だけど」

「でも、表に出さないタイプだからこそ、ちーちゃんがいろいろ気を配ってちゃんとフォローしてあげなさいよ」

「はいはい。マリちゃんは相変わらず春樹の味方だね」

わたしが言うと、マリちゃんはフフフ、と笑った。

「今日はお誕生日のプレゼントも渡さなきゃ」

春樹は4月の終わりに25歳になった。当日は春樹の家で過ごし、社会人になったお祝いも兼ねて、ちょっと高級なボールペンと革のペンケースをプレゼントした。

「マリちゃんは何プレゼントするの？」

「ラブレター。春樹くんへの思いを手紙にしたためたの」

「うわあ、手紙書くなんて、重い女だね」

「恋文世代の人間ですから」

マリちゃんは楽しそうに笑ったかと思うと、顔をしかめた。

「どしたの？」

「なんか今日は頭痛いのよね。最近忙しかったから寝不足みたい」

「仕事一段落したんでしょ？　昼寝でもしたら？　片付けと夕飯のしたくはやっておくから」

「あら、ちーちゃんが夕飯作ってくれるの？」

「だって今夜、鉄板焼きでしょ？　野菜切るぐらいじゃない」

「それでもちーちゃんがやってくれるなんて嬉しいわ」

「もう、わたしのことといくつだと思ってるのよ」

「わたしから見ると、ちーちゃんは川に落ちて泣いてた3歳の頃のまんまなのよね」

「その話何回するのよ?」

わたしが言うとマリちゃんは肩をすくめて笑い、とりあえず少し寝てくる、と自分の部屋に戻っていった。


夕飯は鉄板焼きをすることになっていた。肉や野菜は切ったし、テーブルの上にはホットプレートを出したし、春樹を迎える準備は万端だ。

『駅に着いた』

春樹からラインが来た。あと10分ぐらいで家に到着するだろう。

「マリちゃん、春樹、駅に着いたって。起きてー」

リビングから顔を出して廊下のつきあたりにあるマリちゃんの部屋に声をかけた。いつもなら寝ていたとしても「はーい」と声が返ってくる。でも、少し待っても、返事がない。

「マリちゃん、開けるよ?」

部屋まで行ってドアを開けてみると、マリちゃんは床に倒れていた。

「マリちゃん、どうしたの?」

思わず肩に触れて呼びかけた。呼吸はしている。でもどうしたらいいんだろう。慌てていると、インターホンが鳴った。

「春樹! マリちゃんが、マリちゃんが……」

急いで玄関に飛んでいく。

「何？　落ち着いて」

「マリちゃんが倒れてる……」

「え？」

春樹とふたりでマリちゃんの部屋に戻った。パニックになってマリちゃんに駆け寄ろうとするわたしを、春樹は手で制した。

「触らない方がいい。とりあえず救急車呼ぶから」

春樹は携帯で電話をかけた。

「意識はないです。呼吸はしています。いつ頃倒れたか？」

千尋、わかる？　と春樹はわたしを見た。

「わからない。この部屋に来たら倒れてて……でも、おやつの時間までは元気で……」

涙声で答えるわたしに、春樹は「わかった」と冷静に言い、また通話に戻る。

「いつ倒れたかはわからないです。夕方までは普通だったみたいですが。住所ですか？　緑町5丁目の、ええと……番地いくつだっけ？」

春樹に聞かれても、気が動転してなかなか自分の家の住所が出てこない。

「しっかり」

春樹はわたしの肩に手を置く。なんとか思い出した住所を告げると春樹は電話を切り、わたしに向き直った。

「すぐ来るから。そうしたら俺たちも一緒に行こう。お財布とか携帯持って、あとマリ子さんの保険証とかどこにあるかわかる？」

「……たぶん、リビングのひきだしに」

「じゃあ探そう。とにかく落ち着いて」

春樹は震えるわたしを抱きしめた。


マリちゃんは脳出血を起こしていて、6月の初め、入院して2週間で帰らぬ人となった。あまりにも呆気ない別れだった。両親や親戚が山梨から東京に駆けつけ、バタバタと通夜と葬式を済ませた。葬儀の翌日、数日間泊まっていた両親が帰っていった。マリちゃんの荷物をどうするかなど、これからのことは兄弟たちで相談するという。帰ってしまうと、わたしはひとり、マリちゃんがいなくなった一軒家に残された。あまりに心細くて春樹に連絡をすると、その晩、泊まりにきてくれることになった。

「遅くなってごめん。千尋はご飯、食べたの？」

春樹に尋ねられ、わたしは首を横に振った。

「ちゃんと食べてる？」

「……今日のお昼はお母さんたちと食べたから」

「じゃあ、食べたくなったら言って。食材買ってきたから」

「ありがとう」

わたしは、ダイニングテーブルで隣り合っている春樹を見た。ふたりになったのだから向かい合えばいいのに、わたしたちはいつもの場所に座っていた。わたしの向かい側の席は、マリちゃんの席だ。

「俺は何もできなかったけどね」

「そんなことない。倒れた日だってわたしひとりだったらどうなってたか……。でも、こうなったのはわたしのせいだよね」

「なんでそんなこと言うの？」

「マリちゃんの体調の変化に気づけなかった。おやつのとき、頭痛いって言ってたから、そのときにすぐにお医者さん行ってればよかったのかもしれない」

「頭痛いぐらい誰でもあるしさ。その前からずっと言ってたわけじゃないんでしょ？」

「……うん」

「千尋は悪くない」

「……でもこれじゃあ一緒に暮らしてた意味がないよね」

「どうして？　千尋が休みの日じゃなかったらもっとたいへんなことになってたと思うよ。それに、千尋とおやつ食べてさ、幸せな気持ちでいたんじゃない？　マリ子さん」

「そっかな」

「そうだよ。マリ子さん、甘いもの食べてるときいつも幸せそうじゃない」

「……そういえば、部屋に戻るときも笑ってた」

「その笑顔にさせてあげたのは千尋なんだから。こんな言い方すると変かもしれないけど、幸せな気持ちで旅立ったんじゃないかな。だから、そんなに自分を責めないで」

「うん……」

そう思えるか思えないかは別として、春樹がそう言ってくれることが嬉しかった。

「春樹が来てくれること楽しみにしてたんだよ。おやつ食べながらも春樹の話してて……あ！」

「ん？」

「マリちゃん、春樹に誕生日のプレゼント用意してるって言ってた。冗談かもしれないけど、ラブレター書いたって言ってたよ。もしかしたらこの辺にあるかも」

わたしは電話の横にある書類立てを見てみた。郵便物が無造作に入れてある中を探っていると、きれいな花模様の封筒があった。

「たぶんこれだ。これだけ宛名も差出人も書いてない封筒だから、きっとそうだよ」

封筒を、春樹の前に置く。

「俺が開けちゃっていいのかな。もし違ってたら……」

「違ってたとしても、開けてみようよ」

はさみで丁寧に封を切って開けてみると、封筒とおそろいの便箋が入っていた。開いてみると『春樹くんへ』とあった。

「やっぱり春樹宛てだ」

わたしたちは並んで、便箋に書かれた文章を読み始めた。

『春樹くん、お誕生日おめでとう。春樹くんのお誕生日をお祝いするのももう5回目ですね。春樹くんが千尋と一緒にいてくれることに、わたしはとても感謝しています。お仕事はどうですか？　社会人になってもきっと、春樹くんのその静かな佇まいは変わることがないのでしょうね。そして、春樹くんはいつかきっと、あなたの人柄そのものの、温かく落ち着いた空間を作り上げるのでしょう。あなたが設計した建物をわたしも見たいです。

同封した旅行券は、わたしからの気持ちです。千尋と旅行にでも行ってきてください。お土産はうどんか大福ね（笑）。マリ子』

封筒の中には、1万円の旅行券が3枚、入っていた。

「マリちゃん……」

ぽたり。テーブルに涙が落ちた。拭っても拭っても、涙が止まらない。春樹がわたしの肩を抱き、頭を撫でてくれる。でも、春樹も泣いていた。わたしたちは嗚咽を漏らし、肩を震わせ、ひとしきり泣いた。

どれぐらい時間が経っただろう。

わたしは涙でぐしゃぐしゃになった顔を上げた。

「泣いたらお腹空いてきた」

「……実は俺も」

春樹も顔を上げる。

「じゃあ……うどん作ろっか」

「一緒に作ろう」

わたしたちはふたりでキッチンに立った。

「なんのうどんあるの？」

「お母さんが持ってきてくれたほうとうあるよ」

「冷やして食べようか」

「野菜はね……かぼちゃとしめじと……」

冷蔵庫の野菜室には、わたしを心配してお母さんが置いていってくれた野菜が入っている。

「あとは……冷凍庫に豚肉あるはずなんだよね」

「よし、作りますか」

「うん！」

わたしたちは頷き合った。お鍋にお湯を沸かし、野菜と豚肉を茹で、それとは別に麺を茹で、お皿に盛る。

「よし、完成」

春樹はおつゆを入れた器を3つ、持ってきた。

「3つ？」

「うん」

春樹は、マリちゃんの席に、器を置く。

「そっか、マリちゃんの分だね」

わたしも小さなお皿を持ってきて、うどんをすこし盛った。

「せっかくだから改めて献杯しようか。なんかある？」

「マリちゃんが漬けた梅酒でいい？」

「もちろん」

わたしたちはグラスに梅酒を注いだ。

「じゃあ、マリちゃんに……」

「献杯」

ふたりでマリちゃんの席にグラスを掲げ、

「いただきまーす」

両手を合わせ、冷やしほうとうを食べ始める。

「んー、おいしい」

マリちゃんがいなくなって以来、ずっと食欲がなかった。何を食べても味がしなかった。でも久々に食べ物がおいしいと感じる。

「初めてここでごちそうになった味だ。懐かしいなあ」

「そうそう。春樹ったら次は稲庭うどん持ってきますとかって、わたし抜きでマリちゃんと約束して」

「俺、けっこう人見知りなんだけど、マリ子さんは最初から話しやすかったな」

「マリちゃんも最初から春樹のこと気に入ってた」

「マリ子さんには感謝してもしきれないな」

「そうだね……」

マリちゃんが家に呼びなさいって言うから、春樹がここに来るようになって。パソコン見てもらったら、って言うから、部屋に行ってキスをして。

わたしも春樹もしばらく黙ってうどんをすすっていた。お互いに同じことを思い出していたのかもしれない。

「マリちゃん孝行する前に、いなくなっちゃったな。温泉連れてってあげたり、ハワイに連れてってあげたりしたかったな」

「でもマリ子さん、よく友達と旅行行ったりしてたじゃない。帰ってきたときに千尋がいることが孝行だったんじゃないの？」

「そうだったらいいんだけど」

「そうだよ。『おかえりなさい』って迎えてもらって嬉しかったはずだよ」

「……寂しいな」

わたしはぽつりとつぶやいた。

「あたりまえだよ。俺だって寂しい。就職してから会ってなかったから」

「でも3月に来たじゃん」

大学院の友だちと修了記念の旅行でしまなみ海道をサイクリングしてきた春樹は、愛媛で買ったという抹茶味の大福を持って遊びに来てくれた。

「でもあれ以来会ってなかったから……」

「そっか。春樹、月イチぐらいでは会ってたもんね」

「大学生だった頃はもっと会ってた。しょっちゅうここでご飯食べさせてもらってた」

「そうだね」

「俺にとっても大事な人だよ」

「……うん」

「とにかく、千尋は無理しなくていいから。ひとりで寂しいようなら俺もなるべく一緒にいるようにする」

「ありがとう」

春樹がいてくれてよかった。わたしは心から思った。

7月半ば、山梨で四十九日の法要をやることになり、わたしは早めの夏休みをとって帰省した。法要は本家と呼ばれるお父さんの一番上のお兄さん宅で執り行われた。堅苦しく、面倒くさい法要だった。少し前に東京でマリちゃんの大学時代の友人や親しかった仕事仲間が送る会を開いてくれ、わたしも招かれて春樹と出席してきた。マリちゃんが翻訳した映画やテレビ作品のＤＶＤを流し、みんな涙ぐみながらも暗くはならず、笑いが絶えなかった。マリちゃんの人柄だ、とみんなが言ってくれた。東京でマリちゃんが作り上げた世界に触れることができて、わたしはどこか誇らしい気持ちになった。

四十九日の法要を終えた夜、じっとりと汗が張り付いた喪服を脱いで風呂に入り、わたしは実家のリビングの床に座り、扇風機に当たっていた。もともと床が絨毯なので、夏は暑苦しい。春樹が心配しているかもしれないので連絡しようとスマホを手に取ったそのとき、

「千尋、あのな」

お父さんがリビングに入ってきて深刻な顔でソファに腰を下ろした。もしかして、春樹のことをいろいろ聞かれるのだろうか。わたしは身構えた。大学時代からつきあっている人がいるということは、お母さんには話してあった。でも、お父さんに話すと面倒くさそうなのでずっと内緒にしていた。とはいえ、マリちゃんが入院していた病院でも、通夜でも、葬儀でも春樹

の姿があったし、いくら鈍感なお父さんでも気づいたはずだ。わたしはスマホを置いて、お父さんの向かい側のソファにきちんと座りなおす。

「姉さんの家……処分することになった」

けれどお父さんは、想定外の言葉を口にした。わたしは一瞬、無の状態になった。何度かまばたきをして、ようやく言葉の意味を理解する。

「え、どういうこと?」

「あそこはもともと姉さんの旦那さんの家だろ? そっちの親戚の人たちと話した結果、そう決まった」

たしかにあの家はマリちゃんが亡くなった旦那さんと住んでいた家だ。マリちゃんがいなくなったというのに、わたしはずっとこれまでのように暮らしていくつもりだった。なんて浅はかで図々しいのだろう。

「……そうか、そうだよね」

「姉さんの旦那さんは再婚だろ。姉さんと結婚する前に家庭があって、娘がひとりいたらしくて。その人が連絡してきてな」

「そうなんだ」

「再婚するにあたっての事情は……まあ、姉さんは初婚だったわけだけど、とにかく相手の人の事情は俺たち兄弟はあまり聞かされてなくて、まさか娘さんって人が現れるとはな。おまえは何か話聞いてたか?」

「わたしも詳しくは知らない」

わたしにも子どもがいたらよかったわ。マリちゃんはわたしを見て目を細め、ときどきそんなことを言っていた。そのときの微笑みが寂しそうだと感じたことは何度かある。あのときの微笑みには何か意味が隠されていたのだろうか。

「長く一緒に暮らしてたおまえにも詳しくは話してなかったのか」

お父さんの問いかけにわたしは頷いた。

「その娘さんが気の強そうな人でな。まいったよ」

もともとあまり話をするのが得意ではないお父さんは、そこで大きくため息をついた。

もっとマリちゃんの話を聞いてあげたらよかった。わたしは激しい後悔の念に襲われていた。仕事ができて、料理も上手で、周りの人からも慕われていて。マリちゃんはわたしの自慢の伯母さんだった。先立たれてしまった旦那さんのことが大好きだったと、嬉しそうに言っていた。でもそんなふうに笑顔で話せるようになるまでには、さまざまな苦しみや葛藤があったのだろう。マリちゃんは時おり、夜中にひとり、ダイニングテーブルで、自分の漬けた梅酒や赤紫蘇酒を飲んでいた。

「ちーちゃんも飲む？」

そう聞かれるとわたしは「えー、眠いよ」とか「明日も仕事だもん」と言って、自分の部屋に戻ることが多かった。あの夜にマリちゃんの向かい側に腰を下ろして、話を聞いてあげればよかった……。

「つまり、わたしはあの家を出ればいいんだよね？」

あれこれ浮かんでくる後悔の念を振り払うように、わたしはお父さんに尋ねた。

「そういうことだ」

「あの家はどうなるの？」

「壊すらしい」

「……壊す？」

「更地にして売りに出すって言ってた」

「……え？」

わたしは言葉を失った。お父さんも黙っている。リビングは沈黙に包まれた。

「ごめんね。帰ってきていきなり急な話でびっくりしたわよね」

お母さんが、作り置きしてある麦茶のボトルとコップをのせたトレイを持って入ってくる。

「別にお母さんが謝らなくても」

「お母さんもまた東京行くから。義姉さんの荷物も片付けないといけないし、一緒に不動産屋を回って、家探すのも手伝うから」

そう言いながら、お母さんはコップに麦茶を注いでくれた。懐かしい、我が家の麦茶の味がする。お父さんは入れ替わりにリビングを出ていった。

「そうだよね。わたし、住むところ探さないといけないんだよね」

「こっちに帰ってきてくれてもお母さんたちはかまわないけどね」

そしてお母さんはお父さんが戻ってこないかを気にしながら、

「春樹くんとはどうするの。結婚の話とかは出てないの？」

と、声を潜めて言う。

「なんで話がそこに飛躍するのよ？」

「だって、もうつきあって長いんで……」

お母さんが言いかけたとき、

「本屋なんて、甲府にもあるぞ。そこで働いてみるっていうのはどうだ？」

キッチンから自分の分の瓶ビールを取って戻ってきたお父さんが見当違いなことを言い出す。

「……とりあえず、今日は話ここまででいい？」

わたしは言った。

「そうよ、あんた昨夜はほとんど寝てないのよね？　明日は好きなだけ寝てていいわよ」

「うん。そうさせてもらう。起こさないでね」

お母さんの言うように、わたしは昨夜、仕事を終えて深夜着のバスで帰ってきた。とりあえず店は5日間、夏休みをもらっているけれど、いつまでこっちにいるかは決めていない。

「ちょっとお父さん、いつのまに1本空けちゃって。法要のときにあんなに飲んだのに」

「飲まなきゃやってられんだろう」

「そう言って、毎日飲んでるじゃないの。千尋からも言ってやってよ。お父さん、この間、糖尿病の検査にひっかかって」

「結局、大丈夫だったからいいだろ。いらんこと言うな」

いつものように繰り広げられる両親の言い争いを、わたしはぼんやりと見つめていた。

「ちょっとあんた、起きなさい」

「ん？　わたし、寝てた？」

目の前にいるのは「寝てたから目を覚ましたわけだよね？」という春樹ではなく、お母さんだった。あのままソファで寝てしまったみたいだ。

「麦茶のコップ持ったまま寝てたわよ。ほら、和室に布団敷いたから、そっちで寝なさい」

お母さんに言われて隣の和室に行き、久々に実家の布団に寝転がってタオルケットをかけた。

「そうだ、春樹に連絡しなきゃ」

眠りに落ちる前に思い出し、スマホを手に取る。ラインの画面を開いてみたけれど、何をどう報告したらいいのかわからない。

『連絡遅くなってごめんね。法要は無事に終わって、今は実家にいます』

とりあえずそこまで、送る。春樹にしては珍しく、メッセージはすぐに既読になった。

『今、お父さんから聞いたんだけど、実はマリちゃんのあの家を……』

そこまで打ったものの、手が止まった。春樹になんて報告したらいいのかわからない。わたしは文字を全部消した。春樹に会いたい。春樹にそばにいてほしい。そう思う反面、春樹のことを考えると、マリちゃんとの思い出がどっと胸にあふれてきて、押しつぶされそうになる。

続きの文面を考えていると、春樹から返信が届いた。

『お疲れさま。体に気をつけてゆっくり休んできて』

そして、丸くなって寝ているハチをバックに、Ｖサインしている春樹の手元だけが写った画像が送られてきた。一瞬、ふっと漏れた笑みが、またため息に変わる。

『ありがと。とりあえず疲れたから寝ます。ハチにもよろしくね』

おやすみなさい、のスタンプを押して、わたしはスマホをオフにした。

翌日は、幼稚園時代からの友だち、舞の家に遊びに行った。地元の会社員と結婚した舞は今、出産に備えて実家に戻っている。

「伯母さんのお葬式とか行かなくてごめんね」

「お通夜とお葬式は東京でやっちゃったし、気にしないで。それに舞はマリちゃんに会ったことなかったよね？」

「東京に行った翻訳家のかっこいい伯母さんがいる、って話はよく聞いてたけどね。一度お会いしたかったな。初めて千尋からホンヤクカ、って聞いたとき、意味がよくわかってなかったんだよね」

「あはは。言ってるわたしもよくわかってなかったよ」

「とにかく千尋にはかっこいい伯母さんがいる、って羨ましかったよ。うちの親戚中どこ探しても翻訳家なんていないし、それどころか一族ほとんど地元にいるし」

大きなおなかに手を添えながら、舞が笑う。

「なんか舞、今にも生まれそうじゃない？　出産予定、今月の終わりでしょ？」

もともとが小柄なせいか、舞のおなかはものすごく目立つ。

「そうなんだよ、あとひと月あるんだけど、なんかもうスイカみたいだよね。毎晩、寝苦しくてさ……あ、そうだ。千尋、古沢くんって覚えてる？」

「野球部の？」

「そうそう。古沢くん、今度、東京に転勤なんだって。東京組の集まりがあるらしいよ、って言ったら、仲間に入れてほしいって言ってたよ」

「ホント？　じゃあ連絡先教えて。グループラインがあるんだけど、古沢くんラインやってるかな」

わたしはバッグの中からスマホを出した。

「あれ？　スマホ、オフにしたままだった」

「イマドキの都会人が珍しいじゃん。なんかあったの？」

舞が大きな瞳でわたしの顔を見つめてくる。幼稚園の頃、泣き虫だったわたしの顔を心配そうにのぞきこんでいた顔と、まったく変わっていない。

「昨夜さ、両親といろいろ話してたら、もう何も考えたくなくなって」

今日も、改めて両親と話をしたくなかった。お父さんが出かけたのを見計らって起き出し、逃げるように舞の家にやってきた。電源を入れるのを忘れたふりをしていたのは、両親から連絡が来るのを避けたかったせいもある。

「そうなんだ。ま、話したくなったら話してよ。わたしでよければ聞くから」

「ありがと」

「千尋は相変わらず、中途半端な意地っ張りだろうからさ」

舞がふっと笑う。

「何よ、中途半端って」

「昔からさ、泣き虫なくせに大丈夫、ってすぐ言うじゃん？　でも全然大丈夫じゃなくてさ。

目に涙ためて口をへの字にして、話聞いてほしそうにしてて。こっちは対応に困るんだよね。扱いにくいったらありゃしない」

「げ、そんなふうに思ってたの？　言ってよ」

「だから今言ってあげてんじゃん。喜怒哀楽がすぐ顔に出るくせに、口ではわたしは大丈夫、って言うから面倒くさいんだよ。修人ショックがあったときもさ。電話してきたくせにずっと黙ってるし、じゃあ今から千尋の家行こうか？　って言うと大丈夫、別にもう気にしてないから、とか言って。でも電話は切らないし、鼻すすってる音だけ聞こえてきて意味不明」

「なんか一気にいろいろ言うね。昔はもっとやさしかったのになあ」

「やさしいから言ってあげてるんです」

舞は笑う。

「彼氏も苦労してるだろうねえ。もうつきあって5年だっけ？」

「うん。そういえば昨日の夜さ、お母さんが『結婚の話は出ないの？』とか言ってきてさ」

「親からしたらそう思うかもね。で、実際どうなの？」

「いやー、春樹、まだ働き始めたばっかだし。わたしも今は仕事が面白いし……」

と、そこまで言いかけて、これは果たしてわたしの本音なのだろうか、と、ふと思う。翻訳家という、自分の特技を生かした仕事を続けているマリちゃんのそばにいて、わたしもそうなれたらと思っていた。収入があって、行きたいところに旅をし、好きなものに囲まれて暮らしているマリちゃんは、欲しいものをみんな手にしている女性だと思っていた。わたしももっと今の仕事にやりがいを見出だして生きていくんだ、そう思っていたけれど……。今こうして大きなおなかをしている舞を目の前にして、よくわからなくなってきた。マリちゃんともっといろいろなことを話せばよかった、という思いがまた襲ってくる。

「彼氏とももうつきあい長いんだからさ、意地は張らないようにね」

舞に言われ、考え込んでいたわたしはハッと顔を上げた。

「……張ってないつもりだけど」

「それならいいんだけどさ……って、ごめん、千尋、今はいろいろ考えたくないんだよね。そうだ、よかったら今日は夕飯も食べてってよ。うちのお母さん、千尋が来るって言ったらオムライス作るって」

「うわあ、おばさんのオムライス、懐かしー！」

「ところでさっきの古沢くんからこの前の地元飲み会のとき聞いたんだけどさ、野球部の顧問だった山田先生と、家庭科のミツコ先生、結婚したんだって」

「うっそー、美女と野獣じゃん」

わたしたちは懐かしい先生や同級生たちの話で盛り上がった。


夜、舞の家を出たわたしは、5分ほどで着いてしまう実家とは反対方向に歩き出した。橋を渡って土手に下り、ベンチに腰を下ろす。

「今日は三日月だ……」

わたしが一番好きな形の月だ。なんだか笑っている人の口みたいでかわいい。そんなことを思うのは春樹の影響だろうか。

「あれがアンタレスだっけ」

つきあって5年。春樹は折に触れて星の解説をしてくれるけれど、わたしはちっとも覚えなかった。「いつも言ってるでしょ、理数系苦手だって」と言い訳するわたしに「理数系かどうかって関係あるかな」。春樹が笑い返す。これまでにそんなやりとりを何回したことだろう。

わたしは首が痛くなるほど夜空を見上げていた。春樹にも見せてあげたい。スマホを夜空にかざしてシャッターを切ってみる。でも、うまく撮れない。

「こんなに星出てるのに……」

もう一度チャレンジしようとスマホを空にかざしてみると、電話がかかってきた。春樹だ。

「もしもし？　今ね、ちょうど春樹に……」

「千尋、今どこ？」

「今？　山梨だけど……」

「俺も山梨にいるんだ」

「え？」

「自転車で来た。今ね、甲府駅の方から来て、サイクリングロードみたいなところ走ってる。たぶん千尋の家のそばだと思うんだけど」

「サイクリングロード……それ川沿いだよね。もしかして、すぐ近くにいるかも。そこから橋見える？」

「橋のたもと」

「橋？　わたしその下のベンチにいるよ」

立ち上がって見上げると、春樹がいる。

「春樹ーー、ここ、ここ！」

信じられない気持ちで手を振ると、春樹は自転車を置いて、土手に下りてきた。

「疲れた〜」

春樹がベンチに腰を下ろす。

「え、本物……だよね？　幻覚じゃないよね？」

わたしはぼんやりと春樹を見下ろしていた。

「本物だよ。ほら」

春樹が手を伸ばして指先でわたしの頬に触れる。

「めっちゃ汗臭いからこれ以上は近づけないけど」

「仕事は？」

今日は金曜日だ。

「夏風邪って言って休んだ」

「そんなことして大丈夫なの？　まだ新入社員なのに」

「今、ちょうど暇な時期だから」

「でも……」

「自転車日和だったから勝手に来ただけ。朝、7時に出てさ、高尾越えて、蕎麦食べて、相模湖見て……。てか千尋、座れば？」

「バカ」

そう言いながら、わたしは春樹の隣に腰を下ろす。

「やっぱ星きれいだなー」

春樹はわたしにバカと言われたことにはかまわず、夜空を見上げた。

「あれがアンタレスだよね」

わたしはさっき見つけた赤い星を指さした。

「お、やっとわかった？　じゃあ夏の大三角はわかる？」

「こんなにたくさんあるんだもん。全然わかんないよ」

「あれが織姫であれが彦星。あれが白鳥座のデネブ。織姫と彦星の間には天の川が流れてる。しばらく目を凝らしてれば見えると思うよ」

「東京は七夕の日、雨だったっけ」

「7日はまだ梅雨明けしてなかったもんね。千尋の誕生日も雨だったし」

「春樹さあ……あの家、出なきゃいけないんだって」

わたしは唐突に切り出した。

「……やっぱり、そうか」

「やっぱりって？　知ってたの？」

「去年だったかな、夕食に呼んでもらった日、千尋の帰りが遅くなって、俺とマリ子さんで待ってたときあったじゃん」

「ああ、あの電車が止まった日ね」

「そうそう。そのときにマリ子さんが、本当は対面式のキッチンがいいのよね、なんて言うから、リフォームするならここはこうして……とかって、ふたりであれこれ考えたんだよ。でもマリ子さん、ふと現実に戻ったような顔して『この家はわたしが勝手に直していいかわからないのよね』って呟いたんだ」

「そうだったんだ……」

「もしかしたらいろいろ事情があるのかなっていうのは、感じた」

「話してくれたらよかったのに」

「千尋には話さない方がいいかなって思ったのと……まさかこんなに早くマリ子さんが……」

「……そうだよね」

「でさ。俺、今日、自転車で走りながら考えたんだけど」

春樹がわたしの方を見た。

「一緒に、暮らさない？」

「え？」

突然の展開に、思考が追いつけない。

これはもしかして、プロポーズ？

ううん、違うよね？

頭の中がとっちらかっている。

混乱しているわたしに、春樹は続けた。

「俺、事務所に通いやすいところに引っ越そうかなってずっと考えてたんだ。ひとりで暮らすより千尋が家賃折半してくれた方が広い部屋に住めるし。どうかな」

「え？　ちょっと待って。ふたりで住んだ方が家賃が安いから一緒に暮らす、ってこと？」

「1LDKとか2DKとかの物件でもさ、ふたりで暮らせば負担が10万円以下で済むでしょ」

家賃の負担が安く済む？

何、その言い方？

思わずムッとしたけれど、汗に濡れた前髪の奥からわたしを見て微笑んでいる春樹を見たら、全身の力が抜けてしまった。それに今、こうして目の前にいてくれることが、言葉にできないぐらいうれしくて、心強くて……。わたしは春樹に抱きついた。

「そうだね、一緒に暮らそう。春樹と、わたしと、ハチと」

「汗臭いって言ったじゃん」

春樹がわたしの腕をほどこうとする。

「いいの。今はこうしてたい」

わたしは春樹にぎゅっとしがみついた。

第７章　2017年　冬

「あなたの心の中にいる異性の、勢力分布図を書いてみましょう。」

「あー寒かったー」

寒さの中、望美ちゃんと小走りで駅前の商店街を抜け、店の扉を開けた。その途端に、一気に暖かい空気に包まれる。

「いらっしゃいま……おー、久しぶりだね！」

カウンターの中にいた拓己さんが、わざわざフロアに出てきて笑顔で迎えてくれた。

「クリスマスまではけっこう仕事もバタバタしてて。ここで忘年会しようねって言ってるうちに、いつのまにか年が明けちゃいました」

望美ちゃんが、ね？　とわたしを見る。

「そっか、じゃあ、あけましておめでとうだね。今日はカウンターいっぱいだからここどうぞ」

拓己さんは座敷席を案内してくれた。

「はい、今年もよろしくお願いします」

「今年はもっとたくさん来てよね。ところでとりあえず生でいいんだっけ？」

拓己さんに聞かれ、わたしたちはそれぞれ頷いた。

「せいろ蒸しとか沖縄風おでんとか、冬メニューもいろいろあるからゆっくりしていってね」

拓己さんはカウンターの中に戻っていく。

「明日、綾美が……あ、一番下の妹なんですけどね。センター試験でこっち来るんですよ」

「へえ、もうそんな季節か」

わたしたちは乾杯し、琉球豚のしゃぶしゃぶを食べながら話し始めた。

「この間お正月に実家帰ったら、かなりナーバスになってるんですよ。ちょっと咳したら『風邪うつさないでよね』とか、人のことバイ菌扱いして、感じ悪いったらありゃしない。扱いにくそうだから、本番の受験の間はとりあえずわたしの部屋を綾美に明け渡そうかと思って」

「望美ちゃんはどうするの？」

三人姉妹の一番上の望美ちゃんは、今は専門学校に通う真ん中の妹さんとふたり暮らしだ。

「涼の家に泊まりに行ってようかと」

望美ちゃんは彼氏の名前を挙げた。

「受験の期間っていうとけっこう長いんじゃないの？」

「そうなんですよね。今月末から2週間ぐらいかな」

「でも綾美ちゃんが大学受かったら4月からこっちに出てくることになるでしょう？　そうしたら3人で住むの？」

「そこが問題なんですよ」

望美ちゃんは箸を止めて乗り出してきた。

「綾美にひとり暮らしさせるよりは、わたしが家を出る方がいいじゃないですか。それを涼に話したら『だったらいっそ、一緒に住んじゃう？』なんて言ってきて」

「へえ。それでなんて返事したの？」

「とりあえず2週間のお試し同居期間が終わってから考えるって返事しておきました」

「へーえ、望美ちゃん、冷静だね」

「だって、アイツお気楽なんですよ。お正月に一緒に旅行行ったときも、おいしい店調べておいた、って言うから、駅から20分かけて歩いて行ったら休みだったし。お金もあるだけ使っちゃうから、旅行の最終日にお財布の残高２００円ぐらいになってて。2泊3日の最後の方はブチ切れそうでしたからね、わたし」

「あはは、笑える」

「旅行だから笑えますけど、一緒に暮らすとなるとどうなるんだか。あと、うちの親もわりとそういうところうるさいから、一緒に住むとなったら報告しないとかな、って。先輩が春樹さんと暮らしてることって、ご両親は知ってるんですか？」

「ああ、わたしの場合はね……」

わたしは、春樹が山梨に来てくれた4年前の夏の夜を思い出した。


あの夜、土手のベンチでわたしは山梨に来てくれた春樹に抱きついた。

「ごめん、汗臭くて」

春樹はしきりに謝り、体を離そうとする。

「いいよ、そんなの。こうしてたい」

わたしが言うと、春樹は背中に手を回し、しっかりと受け止めてくれた。

「ところで今日どうするの？」

わたしは春樹の耳元で尋ねた。

「どこか甲府駅の近くのビジネスホテルにでも泊まろうかな、と。予約は取ってないけどいくつかピックアップしてきたから」

春樹は言う。

「じゃあ、うちに来ない？」

ほとんど考えなしに、わたしは口にした。すると春樹が慌てて体を離す。

「突然、悪いよ。それにお父さんは俺のこと知らないんでしょ？」

「病院でも春樹が一緒だったし、お通夜にもお葬式にも来てくれたんだもん。わかってると思うよ」

それとも春樹は、わたしのお父さんに会うのが嫌なのかな、と少し寂しく思っていると、

「お父さんに会うなら、ちゃんとした格好でくればよかったな」

春樹は自分のサイクリングウェアを見下ろしている。

「大丈夫だってば。お父さんなんて風呂上がりはランニングにトランクス姿かもよ」

「追い返されたりしないかな」

「そこまで頑固オヤジじゃないって」

わたしは春樹を急き立てるように、家路に着いた。

「夜分に突然申し訳ありません。千尋さんと大学時代から交際させていただいている栗山春樹

です」

春樹はリビングのソファで向かい合ったお父さんに、改まった口調で頭を下げた。

「どうも」

お父さんもどこかぎこちなく応じている。

「春樹は工学部で、大学院出て、今は設計事務所で働いてるんだ。今日はわたしのこと心配して、仕事休んで来てくれたの。だから今日は泊まっていってもらうから」

わたしは有無を言わさぬ口調で言い、

「とりあえず春樹はシャワー浴びたら?」

と、お風呂に案内しようと立ち上がった。

「すみません、シャワーお借りしま……」

春樹がおそるおそる口にすると、

「パジャマはあるのか?」

お父さんが突然言った。

「あ、いえ……」

「俺のTシャツと短パンでもいいか?」

「え、あ……はい、もちろんです!」

「じゃあちょっと待っててくれ」

お父さんはそう言って、リビングを出ていった。

「お父さん、大丈夫だったわね」

お母さんがわたしと春樹に笑いかけてくる。

「ホントホント。心配することなかったね」

わたしもホッと胸を撫で下ろす。

「なんかすいません」

やたらと恐縮していた春樹だったけれど、風呂から出てくると、お父さんにビールをつきあわされることになった。

「さっき着てたのかっこいいなあ。自転車乗るときはああいうの着るのか？」

お父さんは春樹のコップにビールを注ぎながら言う。

「はい。サイクルウェアです」

「俺の幼なじみもこの年になってから自転車始めてな。この前ずいぶん高いの買ってたぞ。それでな、俺にも勧めてくるんだよ。定年退職したら暇だからなんか趣味があった方がいいって」

「いいと思いますよ。このあたりはサイクリングロードも充実してるみたいだし」

春樹とお父さんはこちらの心配をよそに意気投合している。春樹がキャンプや山登りも好きだと言うと、富士山は山梨側から見るのが一番だ、と、わけのわからない自慢をしながら調子に乗ってどんどん飲み、春樹にも飲め飲めと勧める。

「ダメだよ、お父さん、春樹は明日、自転車で帰るんだから」

「まあいいじゃないか、ビールぐらいすぐに汗で流れちまうよ」

なあ？　と、春樹に笑いかける。

「でも、酔う前にひとつ……」

春樹はコップを置いてまっすぐにお父さんを見た。

「あの、マリ子さんの家を処分するという話、聞きました。それで、僕が千尋さんと一緒に暮らしたいと考えているんですけど、いいでしょうか？」

「ちょっと春樹、今、言わなくても……」

わたしは春樹を止めようとして、膝のあたりを叩いた。

「いやでも、家を探し出す前にきちんと言わないと」

春樹が逆にわたしを制する。リビングにしばし静寂が流れたが、

「千尋は嫁入り前のひとり娘で……その、なんていうか、先のことは考えてくれてるのか？」

お父さんが口を開いた。

「お父さん、別にそこまで大げさなことじゃなくて……」

わたしは、今度はお父さんを止めた。

「先のことというと、僕は今まだ働き始めたばかりなので口先だけで調子のいいことは言えないと思っています。それが正直な気持ちです。でも、これまで5年間、真面目につきあってきましたし、これからもつきあっていくつもりです」

春樹が言うと、リビングは再び静まり返る。そして……。

「わかった。千尋が東京でひとりで暮らすのも心配だし、よろしく頼む」

お父さんはそう言って、さあ、千尋も母さんも飲もう、とビール瓶を手に取った。

そのときのことを懐かしく思いながら、かいつまんで望美ちゃんに話した。

「じゃあご両親公認なんだー。それってつまり、結婚前提ってことで許しをもらったんですか？」

望美ちゃんが尋ねてくる。

「うーん、その辺は曖昧だよね」

「一緒に住み始めてもう4年目ってことですよね？　実際どうです？」

「春樹といると落ち着く。それは本当にそう。でも、じれったくてイライラするところもあるし、とりあえず熟年夫婦みたいな感じかな。今さらトキメキとかはないね」

「先輩ってこれまでずっと春樹さんひとすじだったんですか？」

「どういう意味？」

「ほかの男の人のことをいいなあって思ったことないんですか？　そういえば先月現れた初恋のイケメン銀行員とはどうなったんです？　飲みに行く約束してませんでした？」

「その話はやめて。黒歴史」

「初恋のイケメン、すでに黒歴史かぁ」

「もともと黒歴史だったんだから掘り返さなきゃよかったんだよ。なのにまた掘っちゃったよ。で、そのときにやっぱり春樹がいいなって再認識した」

修人に会ったあの夜、「春樹がいい」と泣きながら歩いた感覚が蘇ってくる。

「じゃあこれまでは？　ほかの男性に目移りしちゃいそうになったことはなかったんですか？」

「いいなって思う人はたくさんいたよ。今は異動しちゃったけど、新入社員だった時に指導してくれた上司の森さんっていう人は知的で仕事ができて、それでいてユーモアもあって、ものすごく憧れたよ。お客さんにも好かれててさ。最近、近くに引っ越してきたっていう人が、わかりやすい地図はないか、って聞いてきたんだけどね。一緒に地図を選んであげるだけじゃなくて、近所のスーパーとかおいしい店とか、いろんなこと教えてあげたりしてさ。忙しいのにひとりひとりに誠実に接客するんだよね」

「へえ、そんな人いたんだ」

「結局、わたしが入って半年ぐらいで本店に異動しちゃったの。送別会では号泣したよ。森さんは大人のいい男を体現したような人だったからさ、まだ学生だった春樹が、すごく子どもに見えたなあ」

「その森さんって人とは発展しなかったんですか？」

「10歳上で、結婚してたし、すごく家族思いの人だもん。発展の可能性ゼロ」

「いいなあ。わたし、素敵な上司になんて会ったことないですよー」

「でもほら、望美ちゃん、T出版の加藤さんいいって言ってなかった？」

わたしは出版社の営業の人の名前を挙げた。

「加藤さんって文化的な香りがプンプンしてくるような雰囲気のイケメンですよね。あとわたしは取次の今井さんもけっこう好きですよ。ザ・メガネ男子。すごく親切でニコニコしてて」

「わかるわかる。もうさ、根っからいい人だよねー。わたしも今井さん大好き」

「先輩、もしですよ？　加藤さんとか今井さんに本気で口説かれたりしたら、どうします？」

望美ちゃんに言われて、わたしは考えてみる。というより、これまでだって考えたことはあった。新入社員だった頃は、森さんに日々惹かれる自分がいた。森さんが飲みに誘ってくれたときは心が弾んだし「この人が妻子持ちじゃなかったらよかったのに」と本気で思った。

「加藤さんと今井さんかぁ。正反対のタイプだよね」

「きっと加藤さんはダンディに口説いてきて、今井さんは実直に口説いてきますよ」

「たしかにね」

わたしはあれこれ想像してみた。

「いや、先輩、そこまで真剣に考えなくても。また眉間に皺できますよ」

望美ちゃんが笑い出した。

「そうだよね。今、頭の中、高速回転して、あらゆるシチュエーションで妄想しちゃったよ」

「実際のところ、誘われたら食事ぐらいは行くでしょう？」

「それはもちろん行かせていただきますよ」

「ああ、よかった。先輩って妙に真面目なところあるから『わたしは彼氏がいるので誘わないでくださいっ！』とか言うかと思いました」

「でもさ、年末は『食事でも』なんて思ったから失敗したわけよ、黒歴史男と」

わたしのなかで、修人の呼び名は黒歴史男だ。

「そのことはもう飲んで忘れましょう。お鍋、お肉追加しましょうか。あと泡盛も」

そう言って望美ちゃんは近くにいた店員を呼んだ。

「でも、春樹さんって誠実だけど残酷ですよね」

望美ちゃんは鍋の残りの野菜をおたまですくいながら言った。

「春樹さんはすごく先輩のことを大事に思ってるし、先輩も、なんだかんだ文句言いながらも春樹さんが一番だと思ってる。だけど、春樹さんはそうやってある意味先輩を縛ってるっていうのかな」

「縛ってる？」

「わたしだったら、結婚する気あるの？　って迫っちゃうと思うんですよ」

「あー、そういうことか」

　そのことについては、もう考え尽くしている。少し前までは、いつか結婚するんだろうと信じていた。でも今は、敢えて考えないようにしていた。問いただすこともしたくはない。

「先輩、呑気だなあ。わたし、先輩の話聞いてるとじれったくて飛び蹴りしたくなっちゃうときありますよ」

「え、わたしのこと？」

「春樹さんのことです」

　春樹を飛び蹴り？　可哀想だからやめてあげて、と口に出しそうになる反面、真剣にわたしのことを考えてくれる望美ちゃんの気持ちが嬉しくなくもない。

「先輩、たまにはほかの可能性を模索するのもアリですよ」

「お待たせー」

　そこに、拓己さんが泡盛と肉の追加を持って現れた。

「あ、タイムリー！　たとえばこんな可能性ですよ」

　望美ちゃんはそう言って、トイレ行ってきまーす、と席を立ってしまう。

「可能性？　何それ？」

　拓己さんが聞いてくる。

「なんでもないですよ。望美ちゃん、例によって酔っぱらっておかしくなってるだけです」

「なーんだ、俺になんか可能性があるのかと思って期待しちゃった」

「そうだ、月末『星ティア』の新刊、発売日ですよ」

「もちろんチェックしてるよ〜。また朝イチで行っちゃうから」

「とっておきましょうか?」

「いいのいいの、どうせ待ちきれなくて行っちゃうから。千尋ちゃんはその日、出勤?」

「コミック発売日は重要ですからね。朝からいますよ〜」

「じゃあ張り切って行っちゃうからよろしく」

拓己さんはそう言ってカウンターに戻っていった。

「拓己さんって、先輩のこと絶対気に入ってますよね。料理運ぶのなんてフロアの店員にまかせればいいのに、ああやってわざわざカウンターから運んでくるんだから」

トイレから帰ってきた望美ちゃんが店のサンダルを脱いで座敷に上がってくる。

「拓己さんはどのお客さんにもまんべんなく話しかけてるじゃない。焚きつけないでよ」

そう言いつつも、もちろん悪い気はしない。

「わたしは大真面目です。先輩も自分の気持ちにちゃんと向き合ってくださいね」

望美ちゃんはよく動く大きな瞳を見開いて言った。


2月の初め、わたしはひとり、拓己さんの店を訪れた。

「いらっしゃーい。あれ、千尋ちゃん、ひとり?」

拓己さんに問いかけられ、わたしはマフラーから顔を出しながら頷く。

「イエーイ、来てくれたんだ。カウンター空いてるよ」

拓己さんはそう言って厨房の奥に戻っていった。そしてまたすぐに出てくると、わたしの前にグラスと皿を置く。

「はい、少しだけど生ビールと紅芋のポテトサラダ」

「え？　注文はまだ……」

「俺から千尋ちゃんにおごり。来てくれたから」

拓己さんはカウンターの中で笑っている。

数日前、拓己さんは『星屑ティアドロップ』発売日の開店と同時に、コミック売り場にやってきた。そのときに「また店来てよ。毎日毎日、首長くして待ってるからね」と言われ、今日は勇気を出してひとりで来てみた。

「じゃあ、いただきます。んー、このサラダおいしい！　メニューにありましたっけ？」

「ううん、これはまかない。今日のはデキがいいから、千尋ちゃんにも食べさせてあげようかと。ほかのお客さんには内緒ね」

拓己さんはカウンターから乗り出して顔を寄せてきた。照れ隠しもあって、すぐに目を逸らして店内を見回すと、カウンターにはほかに誰もいないし、座敷では学生グループがうるさいし、誰もこちらのことは気にしていないようだ。おしぼりを出しに来てくれた長髪の店員は、見て見ぬふりをしてくれているようだ。

「それにしても新刊、泣けたわー。千尋ちゃんも読んだ？」

「もちろんですよ。号泣しました」

「アキト、ひとりだけプロにスカウトされたのに、こいつら以外とはやりたくないって断ってさ、カッコよかったなー」

「男の友情っていいですよね」

「俺も高校の頃はバンドやってたからさ。こっち出てくるときに涙の解散ライブやって……って、高校の中庭でだけど」

「ボーカルですか？」

「え、なんでわかるの？」

「楽器できなそうだから」

「なんだよー、それ。いつもそういう意地悪言うのは望美ちゃんじゃん」

本当は、いかにもみんなの中心で歌っていそうだからだ。拓己さんはいつも盛り上げ上手で、学校でも中心人物だったのだろう。

「その頭にバンダナっていうスタイルはバンド時代からですか？」

拓己さんの店でのスタイルは黒いバンダナと、店の名前入りの黒いTシャツとジーンズ。そして琉球泡盛の名前が入った前掛けをしている。

「いやさすがに高校時代はこんなじゃなかったけど。居酒屋やるようになってからはなんだかこのスタイルが気に入っちゃってね。おかしい？」

「いいえ、似合います。体の一部みたい」

「そうでしょ？」

いろいろと話していたところに新しい客が入って来て、拓己さんが応対しに行った。と、テーブルの上のスマホが震える。凛子だ。

「凛子？　どしたの？」

なるべく声のボリュームを落として出る。

「今どこ？　店寄ったんだけど今日はもう帰ったって聞いたから」

「え、そうなの？　近くで飲んでるけど、来る？」

「ひとりなの？」

「そうそう。うちの店の反対側の改札からすぐ」

店の名前を告げると、5分後に凛子が店に入って来た。

「突然どうしたの？」

凛子は都内のふたつの中学校で心理カウンセラーの仕事をしている。

「今日こっちでシンポジウムがあってさ」

「だったらもっと前に連絡してよ」

「いや、出席するか微妙だったの。今、両方の学校で問題ある子がけっこういてさ。その子たちが毎日のように放課後来るから、身動き取れなくて。でも今日はなんとか出席できた」

凛子が脱いだコートを、待ちかまえていた店員がハンガーにかけてくれる。資料でパンパンにふくらんでいるバッグを足元のカゴに入れ、ようやく凛子は落ち着いて腰を下ろした。

「いらっしゃいませ。千尋ちゃんの友達？」

カウンターから拓己さんが声をかけてきた。

「大学の友達で、たまたまこっちに来てたらしくて……」

「とりあえず喉かわいた……あれ、千尋まだ何も頼んでないの？」

「……ああ、わたしもこれから」

「じゃあ生ふたつ。料理は……あ、このしゃぶしゃぶおいしそうじゃない？」

凛子はわたしが拓己さんに説明するのを遮って言った。

「めっちゃおいしいよ。あったまるし。この前、店の後輩と食べた」

「お兄さん、しゃぶしゃぶってカウンターでもできる？」

「もっちろん！」

拓己さんは元気よく答えた。

「じゃあしゃぶしゃぶ食べ放題のコース、いいな。でもテーブル席のがいっか」

あっちに移っていい？　と、凛子は座敷の空いているテーブルを指した。

「いいよね？」

おしぼりで手を拭きながら、凛子がわたしに確認する。てきぱき話を進めていって、事後承諾。こういうはっきりしているところは学生時代から変わっていない。

「どうぞどうぞ。じゃあ荷物はこっちで運ぶんで」

拓己さんはフロアの店員に、わたしたちの荷物を移動するよう言った。

「……すみません」

恐縮しながら席を移るわたしの前を、凛子は当然のように歩いている。

「久しぶりだね。乾杯！」

わたしたちはテーブル席で改めて乾杯をした。

「ひとりで飲んでるなんて珍しいじゃん。なんかあった？」

凛子が言う。

「別に何もないけど」

「どうせアレでしょ。『ひとりで飲める女子はカッコイイ』とかいう本でも見て感化されたんじゃないの？　相変わらず単純だから」

「違うわ！」

拓己さんに「来てね」って声をかけられたから来てしまった、とは言えない。

「凛子の皮肉屋なところも相変わらずだね」

「鋭い分析屋って呼んでよ」

「中学生にもそんな調子で接してるの？」

「さすがにもうちょっと優しくしてるけどさ。でもカウンセリングの範囲を超えないようにしながら、本音でぶつかるようにしてるから、心を開いてくれる子も多いよ」

「たしかに、凛子みたいなカウンセラーがいたらわたしも通いたくなるかも」

「あんたはたいして悩みなんかなかったでしょ。恋愛の悩みぐらいしか。あ、そうだ。春樹くん元気？　久々に会いたいな。呼ばない？」

運ばれてきたしゃぶしゃぶの鍋に肉を入れながら、凛子は突然言った。

「え、春樹？　今日は無理だよ」

いきなり春樹の名前を出され、わたしは必要以上に焦ってしまった。

「仕事、忙しいの？」

「年明けから駅前の再開発のプロジェクトに関わってるらしくて、最近は帰りも遅いかな」

「じゃあ千尋、飲んでていいの？　ご飯作って待っててあげた方がよかったんじゃないの？」

「最近、春樹も会社の人と食べてくることが多いんだ。取引先との飲みとかもあるみたいで。そのプロジェクトが始まってからは『夜ははっきりわからないから、待ってなくていいよ』って。事務所に泊まっちゃう日とかもあるもん」

「すれ違い生活なんだ」

「お互いに仕事するようになってからはこんなことの繰り返しだよ。同じ家に住んでるのに顔見てないなあ、なんてこと、しょっちゅう」

「でも春樹くん、着実にステップアップしてるんだね」

「そうだね。仕事はやりがいあるみたい」

「でも会いたいなあ。五郎くんと4人で飲み会やろうやろうって言って、実現してないじゃん。あったかくなった頃に絶対やろうよ。この店でもいいじゃん。なんか五郎くんに似合うよ、この店の雰囲気。五郎くんって長野の人だけど、南国生まれって顔してるもんね」

「言えてる」

五郎くんの太い眉毛と濃い髭を思い出しながら相槌を打ちつつも、

「でも五郎くんも千尋も都内だし、春樹の会社もこの沿線ではあるけど一応都内だからさ、渋谷あたりでいいんじゃない？」

わたしはすぐにそう言った。

「そう？　座敷でゆっくりっていい感じなのに……あ、」

「何？」

「もしかしてあの人のせい？　あの人となんかあるの？」

凛子はカウンターの客と話している拓己さんを見た。

「あるわけないでしょ」

相変わらず鋭いな。わたしは思わず身構える。

「仲良さげじゃなかった？　千尋ちゃんとか名前で呼ばれてたし」

「あの人は店長さんで、常連客はだいたい名前で呼んでるよ」

「千尋とは合わないと思うけどな」

「だからなんでもないって。向こうもうちの売り場のお客さんでね。好きな漫画が一緒だから意気投合したけど、お互いの店でしか会ったことないし」

「でも、あんたわざわざひとりで来てるじゃない？」

「今日はひとりだからご飯食べて帰ろうと思ってさ。いつもは店の後輩と一緒に来るんだけど、その子、今日は休みだし」

「千尋、ひとりでランチするのもオドオドしてたのにさ」

「それは昔のことでしょ。最近はさすがにランチぐらいはひとりで行かれますっ。とにかく深い意味は何もないから。変な風にかんぐらないでよ」

「ああいう一軍メンバーっぽい人は、あんたには似合わないよ」

「一軍メンバーって？」

「あの人って学生時代とか常にキラキラしてた存在でしょ？　社会科見学のバスで一番後ろに座っちゃうタイプの。女子からも人気があってさ」

「そうだろうねえ」

「千尋とは合わないでしょ。ああいう人の前だと、無理して明るい女の子ぶっちゃうじゃん」

「そっかなあ」

「どこの学校にもいるタイプだよね。その子に恋してるって女の子たちがよく相談してくるよ。わたしもさ、ああいう太陽とかひまわりみたいな人って眩しいなって思う。あんたはああいう人に惹かれるんだよね。これまでもさんざん間違えてこなかった？」

たしかに、修人も、翔平先輩も、いかにも一軍メンバーという人だった。

「そういう人の前だと千尋らしくない千尋を装うじゃない？　そういう千尋を見てるの、嫌だな、わたしは」

「じゃあ……春樹って二軍メンバーってこと？」

「春樹くんは、一軍でも二軍でもなくて……なんていうんだろう、まず軍に属さないよね」

「何よ、それ」

「とにかく、千尋に合うのは春樹くんだと思うんだけどな。一緒にいて無理しないでしょ。だからこんなに長く続いて……」

「でも楽だからって、それだけでいいのかな」

わたしは箸を止め、肉をしゃぶしゃぶしている凛子に問いかける。

「安定じゃなくて、常に新しいときめきを求めたいってこと？」

凛子の鋭い目に見つめられ、わたしは何も言い返せなくなる。

「どういう人生を歩もうと、何を選択しようと、千尋の自由だから口は出さないけどね。とにかくわたしは春樹くんと五郎くんに会いたいから企画してよ」

「そういえばあのふたり、少し前にプロレスの会場で会ったらしいよ」

「あー、その話、五郎くんから聞いた」

「何、凛子と五郎くんって会ってるの？」

「ラインで聞いたんだよ。五郎くん、中学校の先生じゃん？　お互いに仕事の話でしょっちゅうやりとりしてるよ。真面目に今の中学生について語ってる」

「へーえ。なんかいい感じじゃない？　ふたりがくっついちゃうなんてことない？」

「それだけは百パーないわ」

「否定しすぎ」

わたしは大笑いしながらも、頭の中の一部がものすごく冷え冷えとしているのを感じていた。


駅で凛子と別れて電車に乗り、ドアのそばに立って外を見ると大きな満月が出ていた。

「んもー、どうしたらいいのよ！」

思わず声に出してつぶやいてしまったので、近くに立っていた人が一瞬わたしを見る。でもまたすぐに目を逸らした。単なる酔っぱらい女のたわごとだと思われたみたいだ。

スマホで時間を確認すると、11時前。わたしは次の駅で降りた。ここの駅にカラオケボックスがあるのは、いつも電車の中から目をつけていたから知っている。気が晴れるまでちょっとだけ。わたしはカラオケボックスに入っていった。

「望美ちゃんはたまにはほかの可能性を模索しろって言うし、凛子は凛子でわたしには一軍メンバーの男は合わないって言うしーー！　どうしたらいいのよーー！」

叫びながら歌いまくった。止まらなくなって、演歌をガンガン歌いまくる。

「今日はイマイチすっきりしないな……」

首をひねりながら出てくると、終電ギリギリの時間だった。

「ヤバい！」

店を走って出たけれど、ちょうど終電が行ってしまったところらしく、改札からぞろぞろと人が出てくる。

「……バカだ」

がっくりうなだれていると、

「千尋ちゃん？」

聞き慣れた声がわたしの名前を呼んだ。

「……拓己さん？」

駅から出てくる乗客の中に、拓己さんがいた。

「どしたの。2軒目行ってた？」

「いえ、途中下車してひとりでカラオケに」

「ひとカラ？　好きなの？」

「……わりと」

「へえ、意外。もしかして歌いまくってて終電逃したの？　やるなあ」

「拓己さんはどうしてここに？」

「だって俺、ここに住んでるんだもん。早上がりの日は終電ギリギリで帰れるんだ。それにしても改札出たら千尋ちゃんいるから驚いたよ。俺のこと待っててくれたのかと感激して抱きしめようかと思っちゃった」

「またそんなことばっかり言って。改札に駆け込もうとしたら終電が終わってたんで、呆然としていたところです」

タクシー乗り場に視線を向けると、けっこうな数の人が並んでいる。

「そういえば千尋ちゃん、家、A町の方って言ってなかったっけ。たしかバスが12時半ぐらいまであったはずだよ。深夜バス」

「バス停どこだかわかりますか？」

「こっちじゃなくて西口。ギリギリかもしれないから急いで！」

歩き出す拓己さんについていき西口に出ると、バスのロータリーが見えてきた。

「あ、バス来てる」

拓己さんはわたしの手を取って走り出した。

え？　手、つないでる……よね？

これってアリ？

これぐらい握手と一緒だし、大人なんだからアリ……だよね。

そんなことをぐるぐる考えていると、あともうちょっとというところで、並んでいた最後の客が乗り込んでいき、ドアが閉まりそうになる。

「運転手さーん、乗りまーす！」

拓己さんが大声を上げると、運転手は閉じかけていたドアを開けてくれた。

「ありがとうございます。助かります！」

拓己さんは気持ちよく運転手に礼を言い、わたしの手を取ったままステップに乗せてくれた。

「気をつけてね。またね！」

拓己さんがわたしに言うのと同時にドアが閉まった。走り出すバスの窓から、ぺこぺこと頭を下げるわたしに、拓己さんは笑顔で手を振っていた。

「なんかカッコよくね？　あの人」

「まだ手、振ってるよ、胸キュンだー」

ふたり掛けの席に座っていた夜遊び帰り風の若い女の子たちが窓の外の拓己さんを見てひそひそと話している。女の子たちがわたしの方を振り返ろうとしたので、慌ててマフラーの中に顔を埋めた。


家に帰ってくると、春樹は眠っていた。食器を洗った形跡があるということは、家で夕飯を食べたみたいだ。それなら連絡くれればよかったのに。洗面所に行って手を洗おうと蛇口をひねり、拓己さんとつないだ右手をじっと見てしまう。顔を上げると、鏡に映ったわたしは頬が上気していた。冷たい水でばしゃばしゃと顔を洗う。そして、春樹とハチを起こさないようにそっと寝室に入っていき、ひきだしから『ＬＯＶＥＲＳ，ＤＩＡＲＹ』を取り出して、開いてみる。

【105　あなたの1日のなかに、あの人は何時間いますか？】

千尋『24時間！』

春樹『じゃあ同じで』←じゃあ、ってなんだー。

そんなふうに春樹に怒っているわたしが、今は拓己さんのことばかり考えている。

【140　同時にふたりの人を愛したことがありますか？】

【226　どこからが浮気のはじまりですか？】

【233　他にもっと好きな人ができたとき、自分から別れを告げることができますか？】

当時はそんな質問が出てくるページが大嫌いだった。

『ふたりの人なんか愛さない。ありえない』

『浮気なんかしない！　春樹もしちゃダメ！』

『好きな人なんかできない！　春樹にもできてほしくない！』

そんなことばかり書いている自分が恥ずかしいやら、イタいやらで、目をそむけたくなる。

春樹は適当にはぐらかすようなことばかり書いていて『マジメに書いてよー！』とか、わたしはいちいち怒ってる。

「あー、やだやだ」

本を閉じてため息をついた。

でも、あんなふうに素直に気持ちを表現できていた頃の自分が愛おしい。

シンとした寝室の床にしばらく座っていると、春樹の寝息が聞こえてきた。春樹がカーテンを閉め忘れた窓から見える満月は、さっき電車の中から見たときよりも遠く見えた。

第８章　2017年　春

「あなたが今興味あること、
あの人はどれくらい知っていますか？」

春樹は関わっているプロジェクトのために多忙を極め、わたしたちのすれ違い生活は続いていた。でもわたしは不満も言わず、肌の調子も機嫌もよく過ごしている。その理由は自分でもわかっていた。

冬のある日、拓己さんと手をつないだ。あの日からわたしの心は浮き立っている。

『男性が彼女ではない女性と手をつなぐ意味は？』

『部位別ボディタッチに見る男性の下心は？』

『店員と客、恋に発展する？』

気が付くと、スマホのQ＆Aサイトでそんなことばかり検索していた。

あのあとも望美ちゃんと一緒によく拓己さんの店に行っているけれど、拓己さんの態度は今までと変わらなかった。でも、目が合うと笑ってくれたり、帰るときに上着を着せてくれたり、時には店の外まで『ありがとうございました』と見送ってくれることもある。そのたびにわたしは「もしかして特別に思われてる？」と、地上からちょっと浮いたところを歩いているような気持ちで帰途に着く。

冬が終わり、桜の季節が近づいてきた。店頭の雑誌コーナーにはお花見特集や新学期特集がずらりと並び、レジ前には4月始まりの手帳が並んでいる。わたしが担当するコーナーの棚も『落ちこぼれ新入社員が大奮闘。泣けます！』『地味系草食大学生の笑えるキャンパスライフ！』などのポップが躍っている。そして今年はなんといっても『シュガーデイズ』。10年ほど前のコミックが映画化されることになり、文庫版になり、全10巻がずらりと並んでいる。わたしの青春のバイブルでもあるので『橘頼子渾身の大ヒット作！　胸キュン青春群像劇の元祖といったらこれ！　美大を目指す女子高生実花子の気持ちにいつのまにかあなたもシンクロすること間違いなし。ぜひ手に取ってみてください』と、妙に力を入れたポップを書いてしまった。

そんなある日のこと、課長に呼ばれて事務所に行くと、T出版の営業担当の加藤さんがいた。

「加藤さんがね、ぜひうちで橘頼子のイベントをやらないかって」

「ええっ、橘先生のイベントですか？」

わたしは素っ頓狂な声を上げてしまった。

「そう。さっき見てきたけど、みさき書店さんは『シュガーデイズ』ずいぶんプッシュしてくれてるみたいだし」

加藤さんは長い前髪をかき上げながら言った。

「はい！　わたしはデビュー作の頃からの大ファンなので」

「それってもう20年ぐらい前だよね。俺が会社入った頃だ」

「わたしは小学生でした！」

「へえ、すごいな」

「イベントっていうのは、サイン会ですか？」

わたしは心躍らせて尋ねた。

「いや、トークショー……っていうか、ハタダユイとの対談でどうかなって。ハタダさんも4月からうちの雑誌で連載が始まるから、ちょうどいいタイミングかなって」

ハタダユイは、最近ワイドショーなどでよく顔を見る辛口コメンテーターだ。年齢はわたしより少し上だろうか。

「たしかにハタダさんだったらサブカル系はなんでも語れるし、いいと思いますけど、橘先生の作品、好きなんですか？　たしかガンダムとかああいう世界が好きだってテレビで言ってるの見たことありますけど……」

サバサバした口調でものごとを斬っていくタイプなので、少女漫画に詳しそうなイメージはない。

「読んだことはないって言ってたから、コミック渡してある。あと、映画の試写にも行ってもらうようにしてあるから」

「橘先生はこれまでもほとんどメディアに出てきませんけど、どういう方なんですか？」

「無口で穏やかな感じの人だよ」

「じゃあ対談なんて大丈夫ですか？」

「だからこそ対談を企画したんだよ。トークショーなんてとてもできるタイプじゃないからさ」

「なるほど……」

「ハタダユイとの対談は、俺もフォローしていくからなんとかなると思う」

加藤さんは自信満々な口ぶりで言った。たしかに加藤さんはそのダンディなルックスと声を武器に、著者講演会などでもいつもMCをつとめていた。毎回、問題なく、そつなくこなしてくれているので助かっている。

「それにしても南さんがそんなに橘先生のファンだったとはね」

加藤さんが言う。

「大好きです！　『シュガーデイズ』はわたしのバイブルですよ。中高生時代はわたしも主人公の実花子と一緒に美大を目指そうと思ってましたし」

「じゃあどんどん詰めていこう。またメールで連絡するから」

「楽しみにしています！」

心の中でガッツポーズをしながら、わたしは加藤さんを送り出した。


春樹にさっそくラインをしよう。わたしはスマホを取り出した。

『今ね、出版社の人が来て。わたしがずーっと好きだった漫画家さんのイベントをうちの店で……』

打ちかけて、手を止めた。ここのところ、春樹は本当に忙しそうだ。朝早く出て、夜遅く帰ってくる。

「大丈夫？　かなり無理してるんじゃない？」

わたしは、顔を見れば声をかけていた。春樹は少し痩せた……というより、やつれた。

「大丈夫大丈夫。やりたいことがやれなくてもどかしかったときの辛さよりはずっと精神的にいいでしょ」

駅前再開発のプロジェクトで、市民ホールの設計に関わっている今は、とても充実しているのだと言う。

忙しくしている春樹に、憧れの漫画家に会えるからといってはしゃいだラインを送るのはためらわれた。報告するなら、イベントを成功させてからだっていい。

仕事で嬉しいことがあったら、まず春樹に報告する。これまでのわたしはいつもそうだったのに……。わたしはスマホをしまい、急いで売り場に戻った。


でもこの喜びを誰かに伝えたくて、わたしは仕事の帰りに拓己さんの店に向かった。

「いらっしゃいませー。あ、千尋ちゃん」

「ここ、いいですか?」

案内される前にカウンター席に座った。左側の一番端の席は、わたしのお気に入りだ。

「もちろんどうぞ。どしたの、なんかいいことあった?」

「わかります?」

「うん、なんか嬉しそう」

「拓己さん聞いてください! わたしの憧れの漫画家さんがね、うちの書店でイベントやることになったんです!」

わたしが一番に報告したのは、拓己さんだった。

「へーえ、誰？」

カウンターから、拓己さんが乗り出してくる。

「それは秘密です。まだ完全に情報解禁じゃないから」

「えーーーっ、そりゃないよ。俺にだけ教えてよ。ぜーったい言わないから」

カウンターからフロアに出てきた拓己さんが、近づいてくる。拓己さんの耳はほとんどわたしの唇に触れそうだ。まだ開店して間もないので、客はほかには座敷席のカップルしかいない。ここは彼らたちから死角になってはいるけれど、緊張するからやめてほしい。

「ちょっと、拓己さん！」

笑いながらからだを反らしたけれど、左側は壁なので、これ以上よけられない。

「……あ」

唇が、拓己さんの耳に触れた？　と思ったところで、拓己さんがようやく体勢を戻した。

「もう少ししたら情報が公開されるからそのときはすぐに報告しますね。わたしが小学生の頃からずーっと好きだった漫画家さんなんです」

わたしは敢えて冷静な口調で言った。

「千尋ちゃんにとっての神？」

「もちろん！　拓己さんにとっての池崎信二みたいな存在ですよ」

わたしは『星ティア』の作者の名前を挙げた。

「それは間違いなく神！　すっげーじゃん。じゃあその日さ、お祝いしよう。その漫画家さんと打ち上げとか行くなら無理だけど、そうじゃないならさ」

「出版社さんと漫画家さんは行くかもだけど、わたしたち店の人間は行かないと思う」

「じゃあよかったら店においでよ。千尋ちゃんのためのスペシャル打ち上げしよう。俺、三線弾いて歌っちゃうよ」

「えー」

「だってそれってものすごいことだよ。人生の記念日。千尋ちゃんが今まで一生懸命がんばってきたからこそ、たどり着いたんじゃない？」

「そんなおおげさな」

「いや、おおげさに喜んでいいって。もし池崎信二がこの店でイベントするなんてことになったら、俺、もう嬉しすぎて、その日が来るまでずーっとエイサー踊ってるかも」

「エイサーって、小学校のとき運動会で踊ったかも。懐かしー」

「とにかく、それぐらいすごいことなんだからさ、お祝いしようよ。てか、お祝いしたいな」

拓己さんがにっこりと笑う。わたしはこの、顔じゅうが笑い皺でいっぱいになる拓己さんの笑顔に弱い。時おりふとこの顔を思い出して、全身が幸福感で満たされることがある。

「ありがとうございます。　じゃあ、正式に日にちが決まったら報告しますね」

「うん、待ってる」

それから次々と客が入ってきて、拓己さんは忙しくなった。立ち働く拓己さんをつまみにお酒が飲めるんじゃないかと思うぐらい、拓己さんの働きっぷりは気持ちがいい。カウンターの中で串焼きを焼く真剣な顔。客への気配り。そして、目が合ったときの笑顔。

もしこの気持ちがずっと続くようならわたしは……。

そろそろちゃんと自分の気持ちと向き合わないといけないのかもしれない。

それにしても。

橘頼子の漫画は、まさにわたしの恋愛バイブルだった。橘頼子は、わたしが小学校のとき、月刊の少女漫画誌で新人賞をとってデビューした。いとこのお姉さんの家にあったその漫画誌で知ってファンになり、橘頼子の連載が始まってからは、お小遣いを貯めてその漫画誌を買うようになった。毎月発売日が来るのが待ち遠しかった。その頃連載されていたのはごく普通の高校生の男女の恋愛モノで、自分も高校生になれば漫画と同じように、ちょっとクールで、でも実はシャイでやさしい男の子と恋愛できると夢見ていた。実はわたしはちっとも成長していなくて、あの頃の夢見る少女のままなのかもしれない。

そして橘頼子は、わたしが中学時代に『シュガーデイズ』がヒットして、一躍有名になった。

「わたしはデビューした頃から好きだったけどね」

当時のわたしは自分が一番に橘頼子を見出したのだと、心の中で勝ち誇っていた。美大を目指す実花子が主人公の『シュガーデイズ』。実花子の成長を追いながら、コミック誌に6年間連載される大作だった。実花子の周辺のキャラクターも、それぞれに確立した個性があり、生い立ちが複雑に絡み合いながら物語を織りなしていく。セリフもリアルで、ひとつひとつが心に刺さる。コミックを読んだ次の朝は泣き過ぎで目が腫れてしまい、学校を休んだこともあった。中高時代の6年間、この作品にどっぷりとハマったおかげで美大に行きたいと強く思った(かなわなかったけれど)。

『シュガーデイズ』連載終了以降、橘頼子は短編しか描いてこなかったし、それほど話題にもならなかった。一時は引退説が流れたこともある。だけどこうやってあの名作が映画化されてまた表舞台に戻ってきて、しかもうちの書店でイベントをやってくれるなんて……。

美大に行く夢はかなわなかったけれど、書店員になってよかった。わたしは幸せをかみしめていた。

イベント前夜。

この日は退社後、急いで帰宅して明日に備えた。対談を仕切るのは加藤さんだが、客の誘導などの進行はわたしにまかされている。橘頼子を迎えるのだから、失礼があってはいけない。控室——といっても事務所内をパーテーションで区切っただけの応接スペースだけれど——は完ぺきに掃除してきたし、お茶や水も用意してある。デパートの地下でクッキーも買ってきた。いざとなればすぐ隣のビルのカフェやコンビニに走れるように、バイトくんにイベントの時間は待機してもらうように段取りをつけてある。

わたしはもう一度、進行表を確認していた。橘頼子と、ハタダユイは、それぞれ担当編集者が5時頃連れてくることになっている。控室で待ってもらっている間、わたしは5時半から客を入れて6時から対談を開始。7時に終了してその後、サイン会。イベントの前か後に頃合いを見て、うちの書店に置く色紙を書いてもらう。

もう流れは完ぺきに頭に入っている。一書店員として仕事に臨むので、ずっとファンだったことは基本的には口にしないつもりではある。でも、もし最後に時間があれば、橘頼子にわたしもずっと作品を読んできたことを伝えたい。

さて、お風呂に入って早く寝よう。ソファから立ち上がると、ハチのお皿に、さっきあげたペットフードがそのままになっていた。

「あれ？　ハチ、食べないの？」

声をかけたけれど、ハチはわたしに背を向けるようにして部屋の隅で丸くなっている。気分屋なので、こういうことはよくある。とくに気にすることなくお風呂に入り、パックを済ませて寝ようとしたときも、まだうずくまっていた。

「どしたの、ハチ。最近、春樹があんまりかまってくれないからストライキ起こしてる？　その不満は春樹に直接ぶつけてね」

そういえばわたしも最近、春樹の顔はほとんど見ていない。でも平気だった。むしろ自由にできて楽だと思っている自分がいた。一緒に住み始めた頃は、すれ違い生活が続くと、寂しくて寂しくてたまらなかった。久々に一緒にいられるときは、わたしとハチのどっちが春樹を独占できるか、競争したぐらいだ。でも結局、ソファで春樹の横にぴったりと寄り添っていてもハチが割り込んでくる。膝の上はハチ専用だし、春樹はハチを贔屓するし、わたしはしょっちゅうむくれていた。

でも今は……。

明日のイベントのことも、春樹には「漫画家さんとコメンテーターさんの対談があるんだ」ぐらいにしか言っていない。この仕事に就いてから、イベントがあるのはそう珍しいことではないし、春樹からは「そうなんだ」ぐらいの反応しかなかった。以前のわたしだったら橘頼子に対する思い入れを力説したり、ハタダユイが出ている番組の説明をしたりしただろう。

「とりあえず寝るね、おやすみ、ハチ」

わたしは寝室に行き、ベッドに入った。


「ハチ！　ハチ！」

春樹の声で目を覚ました。時計を見ると、夜中の2時だ。スーツ姿の春樹が、背負っているリュックも下ろさぬまま壁際にしゃがみこんでいる。

「……おかえり、春樹。どうしたの？」

目をこすりながらリビングに出て行く。

「ハチが動かない。息はしてるけど、呼んでも反応がない」

見ると、ハチはさっきの場所で床に横たわっていた。

「そういえば夕飯食べないで、そこで丸くなってたけど……」

皿を見ると、キャットフードはそのまま残っていた。

「夕飯、食べてないんだ。丸くなってたの？　ずっと？」

「わたしが帰ってきたときはちゃんと歩いてたし、普通だったと思う。でもご飯あげても食べなくて、気が付いたときにはそこで丸くなってた」

「何時ごろ？」

「気づいたのは11時頃だったかな」

「そのとき声かけた？　反応はした？」

「ううん。いつものことだと思って、そのまま眠ったんだけど……」

わたしは決まりの悪い思いで答えた。

「わかった」

春樹はスマホを取り出して検索し、電話をかけた。ハチの様子を伝えて電話を切ると、

「行ってくる」

リュックを置き、中から財布だけを出してズボンのポケットにしまう。

「どこに？」

「近くの動物救急センター」

「今から？　明日の朝じゃダメなの？」

「早い方がいいでしょ。俺、ハチがこんなじゃどうせ眠れないし」

「……わたしも行った方がいい？」

「明日イベントだって言ってなかった？」

「そうだけど」

覚えていてくれたんだ、と意外だった。

「千尋は寝てなよ。タクシー捕まえて行ってくる」

春樹はバスタオルでハチをくるみ、出て行った。

ハチ、どうか無事でいて。

そう思いながらも、一緒に病院に行かなくていいと言われたことに、どこかホッとしている自分がいた。

そしてイベント当日――。

店に向かいながら、わたしは陽射しのまぶしさに目を細めた。5月の空はこれ以上はないほどすがすがしく晴れ渡っている。けれど、昨夜は結局、あまり眠れなかったので気分すっきり、とはいえなかった。

今朝、春樹は7時過ぎに帰ってきた。

「腫瘍が見つかって、摘出手術した。手術は無事成功したけど何日か入院だって」

「よかった……」

ホッとして、その場にへなへなと座り込みそうになった。

「手術終わって麻酔が醒めたところまで確認して帰ってきた」

「春樹寝てないの？」

「うん、でも今日行かないわけにいかないから、これからシャワー浴びて出るわ」

「わたしも今日は早めに出ちゃうけど、朝ご飯、どうする？」

「んー、時間ないからいいや」

春樹がシャワーを浴びている音を聞きながら、わたしは家を出た。


午後からイベントスペースに椅子を並べたりと、準備にかかる。やがて現れた加藤さんと、今日の段取りを確認していく。加藤さんに渡された進行表には、大まかな質問がまとめられていた。

「ざっくりしてるけど、あとは適当にその場の流れでなんとか。あとは、質問コーナーでお客さんが熱い質問をぶつけてくれるかなって」

「そうですね。今日集まってくださる方たちは、アラサーの女性たちがほとんどですよ。わたしもそうですけど、たぶんみなさん思い入れたっぷりかと」

「南さんもファンにまぎれて質問したいぐらいでしょ？」

「ホントですよー。でも大丈夫です。書店員に徹してますから。あ、そうだ。ハタダさんは『シュガーデイス』は読んできてくださったんですか？」

「確認はしてないけど、彼女もプロだからそのあたりは大丈夫だと思うよ」

「わかりました」


そしていよいよ、イベントが始まった。橘頼子が登場すると、会場を埋めたファンたち50人が目を輝かせて拍手で迎える。橘頼子は長い髪をひとつに束ね、銀縁眼鏡をかけ、知的な印象の女性だった。年齢はわたしより一回りほど上のはずだけれど、透明感があるというのか、後光が射しているというのか、とにかく、わたしにとっては眩しい存在だ。かたやハタダユイはいかにも毒舌で鋭いご意見番といった印象で、テレビで見ているのと変わらない。

「本日はお集まりいただき、ありがとうございました。今日はお天気に恵まれて一日中、過ごしやすい日でホッとしております。この5月のよく晴れた一日というのはまさに橘先生の作品の世界というんでしょうか、『シュガーデイズ』で実花子が史隆と出会うのもこんな日でしたよね。1巻の表紙も新緑の中に立つ実花子が描かれていて……」

加藤さんが言うと、客たちが笑顔で「そうそう」と頷く。さすがにこのあたり、客の心をつかむのがうまい。続いて「みなさんの方がよくご存じかとは思いますが」と前置きして橘頼子のプロフィールを読み上げ「そして今日の対談相手は、最近メディアでひっぱりだこの……」と、ハタダユイを紹介する。

そしていよいよ対談が始まった。

「ところで今回の作品の映画化。お話がきたときはどう思われたんですか?」

「話がきたのは3、4年前だったでしょうか、脚本家の方からものすごく気持ちのこもったお手紙をいただきました。わたしはこれまでドラマ化などのお話はすべて断ってきたんです。でもそのときは熱意に圧倒され、この方ならおまかせしても、と思いまして……」

橘頼子は語り出した。けれど、こういう場に慣れていないのか、ものすごくまじめな性格なのか、ひとつひとつのできごとを順を追って話していくのでどんどん長くなっていく。最初は身を乗り出して聞いていた客たちも、だんだんと戸惑い始めているように見える。

「なるほど。橘さんにとっても原作ファンの方にとっても『シュガーデイズ』は大切な作品ですからね」

橘頼子の話が途切れたところで、加藤さんがうまく話に割って入る。

「最近はコミックが映画化されることも多いですが、ハタダさんのお考えは?」

そして、ハタダユイにも話を振った。

「そうですね、昨年大ヒットしたあの江戸時代モノあったじゃないですか。わたしの個人的な意見を言わせていただければあの作品は、原作はよかったですけど映画は失敗だと思っていて」

今度はハタダが持論を展開していく。さすが人気コメンテーターだけあって話は興味深いのだけど、今回の『シュガーデイズ』の話とは関係がなくなっていき、客は退屈そうだ。すると、その気配を察した加藤さんがさっと話題を変えた。今ひとつ噛み合っていない感はありつつも、対談は進んでいった。丁寧に答えすぎる橘頼子に、ハタダユイが冗談っぽく「橘さんって、ちょっと天然ですねー」とか「橘さん、それは今の子たちには通じませんよー」とつっこんで笑いを取る、というパターンが定着している。

「そういえば実花子は好きなバンドがありましたよね」

加藤さんが客席にマイクを向けると、みんなが「マーシーズ！」と声を揃える。実在のロックバンドで、橘頼子自身も大ファンだという。

「マーシーズさんの音楽が劇中に使われているんですよね？」

加藤さんが尋ねる。

「はい。もうこれが大感激で。詳しくは言えませんが、すごくいいシーンでかかるんですよ」

橘頼子の声が弾み、客たちも「キャー」っと盛り上がる。

「マーシーズさんには会われたんですか？」

加藤さんが質問すると、橘頼子が乙女のように「はい」と頷く。

「わたし思うんですけど、最近の映画ってちょっと音楽がうるさすぎってところがあるじゃないですか。マーシーズのボーカルの声って独特ですからね。ストーリーを邪魔してないといいんですけど」

と、突然ハタダユイが言う。橘頼子も、客たちも表情を凍らせた。わたしがテレビ番組のA

Dだったら『対談終えてサイン会にしましょう』と、カンペを出したい気分だ。

「『シュガーデイズ』はサブキャラも人気がありますよね。あなたは実花子と史隆以外に誰が好きですか？」

困ったときの客頼み、とばかりに、加藤さんは一番前の席の女性に尋ねる。

「最初は犬猿の仲だった智也と大志が誤解を解いていくじゃないですか。あのふたりが大好きなんです」

女性の答えに、客席のほかの客たちもうんうん、と頷いている。

「わたし、ざっと読みましたけど、あれってBLの走りじゃないですか？」

ハタダユイが言う。その分析はある意味ではたしかに面白い。でも……。

「わたしはそういうつもりでは描いていません」

案の定、橘頼子はうつむき、声を震わせて言った。これまでの流れでも、橘頼子が実に真面目な人で、軽いノリで受け答えができる人ではないとわかっていたではないか。わたしはハタダユイを呪いたくなっていた。橘頼子は顔を上げない。会場の客たちもざわついている。

「ええと、そろそろお時間なので、対談はここまでにして、質問コーナーにうつらせていただきます」

加藤さんもいいかげんまずいと思ったのだろう。

「ハタダユイさん、今日はありがとうございました」

と、送り出したが、客たちもわたしと同じ気持ちなのか、拍手はまばらだった。けれど質問コーナーに移ると「先生がいちばん思い入れのあるキャラクターは誰ですか？」「実花子は今、

20代後半になっていると思いますけれど、もしまた連載を始めるとしたらどんな職業に就いている実花子を描きますか？」などと客たちは張り切って質問をし、コーナーを盛り上げた。サイン会では、誰もが「小学生の頃からずっと読んでいます！」「今日はお会いできて嬉しすぎです！」と、笑顔で声をかけ、中には感激で涙ぐんでしまう客もいた。

イベントが終わり、客たちを送り出す。わたしは後片付けもそこそこにとりあえず控室に向かった。と、ちょうど洗面室から出てきた橘頼子と出くわした。

「橘先生、今日はありがとうございました」

わたしは丁寧に頭を下げる。

「こちらこそありがとうございました。でもなんだか申し訳なくて……」

「え、どうしてですか」

「あまり盛り上がらなかったんじゃないかしら。わたし、めったにこういう場所に出てこないから慣れてなくて……」

橘頼子は言った。てっきり気分を害していると思っていたのに、逆に謝ってくれている。

「そ、そんな。申し訳ないなんてとんでもないです。あまり公の場に出ていらっしゃらない先生だからこそ、ファンの方たちは待っていたと思いますし、今日のイベントは前売り券もすぐになくなってしまって、キャンセル待ちの方もたくさんいたんです！」

わたしは力を込めて言った。

「そう。それならいいんだけど」

「あの、わたしも先生の大ファンで、これまでコミックも全部持っています。『シュガーデイズ』

と共に中高生時代を過ごしてきました。先生が描く実花子に何度も救われました……」

　サイン会でさんざん客たちが言った言葉をバカみたいに繰り返すわたしに、橘頼子はずっと穏やかに微笑んでくれていた。


「お疲れさまでした」

　店を出たわたしは、がっくりと落ち込みながら駅までの道を歩いた。橘頼子は不愉快な素振りはまったく見せなかったけれど、それだけによけいに申し訳ない気持ちでいっぱいだった。

　とぼとぼと歩いてきたわたしは、駅前のロータリーで空を見上げた。

「あ、北斗七星だ」

　いつもはうまく見つけられなかったのに、なぜだか今日はあっさりと見つけることができた。

　でもだんだんと北斗七星がにじんでくる。慌てて涙を拭おうとすると、スマホが鳴った。

　拓己さんだ。

「もしもし？　千尋ちゃん？　イベント終わった？」

「あ、はい」

「早くおいでよー、待ってるよ。『シュガーデイズ』好きだっていう人、お客さんにたくさんいたから声かけたんだ。みんな集まってるよ！　千尋ちゃんからイベントの話聞きたいって」

「……あの、ごめんなさい」

「ん？」

「今、そういう気分じゃなくて」

「どういうこと？」

「拓己さんの気持ちはすごく嬉しいんです。でもちょっと……」

「何かあった？」

「なんていうか……その、別に何か決定的なことがあったわけじゃないんですけど……」

「うん」

「ちょっとひとことで説明するのは難しいです」

「じゃあ、とにかくおいでよ。話聞くからさ。もし、いやなことがあったんだったらパーッと飲んで忘れようよ」

「……無理」

わたしはスマホを持っていない方の拳を握りしめながら、言った。

「え？」

「……無理です。今はとにかく無理なんです。ごめんなさい！」

わたしは電話を切った。


元気づけようとしてくれる拓己さんの気持ちだってちゃんとわかっているのに、いやな言い方しちゃったなあ……。

帰りの電車の中で、わたしは自己嫌悪に陥っていた。

でも今のわたしには、拓己さんの明るさは受け入れられなかった。電車の中からは、さっきとは違う方向の空が見える。わたしの大好きな三日月だ。だけど気持ちは弾まない。

降車駅に着き、重い足を引きずるようにして乗客たちの一番最後に改札を出ていくと、春樹が待っていた。

「おかえり」

「ど……どうしたの？」

「俺も少し前に帰ってきたから、もしかしたら会えるかな、と思って待ってた」

「だったらラインくれればいいのに」

「たまにはこういうのもいいかなって。10時半までに来なかったら帰ろうと思ってたけどね」

春樹は駅の時計を見上げて言った。

「でも、どうして？」

「今日イベントだったんでしょ。ツイッターでチェックしてたら、なんかたいへんだったみたいだから……」

「そんなこと呟かれてる？」

「イベントに参加した人なのかな。『ハタダユイ、人選ミス！』とか『橘先生を汚さないで！』みたいなこと呟いてる人、何人かいたよ」

「そっか」

わたしは自転車を押す春樹と並んで歩き始める。

「ハチ、どうした？」

「さっきセンターに電話したら、元気になったって。ケージから出せってうるさいらしい」

「そっか、よかった。わたし明日遅番だから、午前中にお見舞い行ってみる」

「そうしてくれると助かる。救急センターだから24時間見舞いに行けるんだけど、俺、さすがに今日これから行くのはキツイからさ」

「そうだよ。ゆうべ寝てないでしょ？」

「仮眠はとったよ」

「……なんか、いろいろごめんね」

「ん？」

「ハチが具合が悪いことにも気づかなかったし、そのうえハチの病院も行かなかったし……」

「それはしょうがないよ。大事な仕事の前の晩だから。でもなんで言わなかったの？　橘頼子って、千尋の好きな漫画家じゃない？」

「え、知ってたの？」

「『橘頼子』って書いてあるダンボールがクローゼットに入ってるじゃん」

そうだった。一緒に引っ越すときに、この先生の漫画はすごいと熱弁をふるった記憶が蘇ってくる。

「春樹が忙しそうだから言う機会がなかっただけ。でも結局こうやって迷惑かけちゃうところがわたしのダメなところなんだな」

「別に迷惑なんかかかってないよ。気になったから勝手に待ってただけだから。もし会えなかったらそば食って帰ろうかと……って、そうそう、いい飲み屋見つけたんだよ。基本は手打ちそばの店で、辛味大根そばとか、納豆おろしそばとか絶品なの。あと、俺はトマトとアサリのスープそばっていうのも気になってて。その店行かない？」

「いいね、おそば！」

「でしょ？　飲みの一品メニューもうまいよ。日本酒は蔵から直接買ってるとかで、これがまた、こっちじゃあんまり見ないような珍しい銘柄揃えてて」

「日本酒かぁ。五郎くんに飲ませてあげたいね。あ、そうだ。凛子が4人で飲み会したいって言ってたんだ。そこのお店いいかもね」

「小さい店だけどね。予約できるかどうか今日、大将に聞いてみよう」

「飲む前か後に、ふたりにうちに来てもらってもいいし。わたしが土日休みの日に合わせてもらうことになるけど」

「いいんじゃない？」

「それにしてもそんないいお店、なんでこっそり通ってたの？」

「別に内緒にしてたわけじゃないけどさ。言う機会がなくて……」

「最近、わたしたちあんまり話す時間なかったもんね」

「あ、着いた。ここ」

そこは木戸があって、まるで民家の庭に入っていくような店構えだ。

「今日はゆっくり話そうか」

春樹が開けてくれる木戸を通りながら言うと、春樹はやさしく頷いた。


春樹おすすめのそのお店は本当においしかった。夫婦ふたりでやっているお店で、旦那さんが作った料理を甲斐甲斐しく客席に運ぶ奥さんを見ていたら、とても温かい気持ちになれた。

その晩、すぐに眠ってしまった春樹の布団にもぐりこんだ。春樹の隣はやっぱりわたしの落ち着く場所だった。春樹の寝息が聞こえてくる。わたしは、真横に伸ばした春樹の左腕の下で、丸まった。

【214　眠るとき、あの人はあなたのどちら側にいますか】

ふいに『LOVERS' DIARY』の質問項目を思い出す。

『左側』。

わたしはそう書いていたことを思い出した。あの頃からずっと変わっていない、わたしだけの場所。春樹の匂いと感触に包まれながら、わたしはすうっと眠りに落ちた。

第９章　2017年　梅雨

「あの人と温度差を感じるのはどんなとき？」

「雨あがってよかったね」

土曜日、わたしと春樹は駅までの道を並んで歩いていた。もうすぐ梅雨入り。今日も昼過ぎまでは雨が降っていた。待ち合わせの5時ぴったりに駅の改札に到着すると、改札を出たところで凛子と五郎くんが待っていた。

「ごめん、待たせた？」

わたしは小走りで近づいていった。

「千尋ちゃん、久しぶり」

「春樹くん、久しぶり」

五郎くんと凛子が、それぞれ微笑みかけてくる。

春樹とふたりでそば屋に行った2週間後の土曜日、凛子と五郎くんを招いての4人の飲み会はあっさりと実現した。

「これから行く店、うまいぜ。さ、行こう」

春樹が歩き出す。

「おまえらの誘いだからうどん屋かと思ったら、そば屋か。俺は長野だからそばは、うるさいぞ～」

「そこ、信州そばだから絶対気に入るって。日本酒も最高だから」

五郎くんと春樹が並んで歩き出したので、わたしたちは後に続いた。

「明るいうちから飲みっていいね」

凜子がわたしに言う。今日は早い時間からゆっくり飲もうという計画だ。

「ね、たっぷり飲めるよ」

駅から店までの道を、4人で歩く。大きな五郎くんの背中と、少し猫背な春樹の背中を見ていると、大学時代に戻ったような気持ちになる。学生時代、学食で落ち合うときは、食堂に近い工学部のふたりが先に場所を取っておいてくれていた。遅れて到着するわたしと凜子に春樹と五郎くんが手を振ってくれる光景は、学生時代の思い出のシーンのひとつだ。

「ところで2月に会ったあの一軍の店はまだ行ってるの？」

凜子が、ドキリとするようなことを聞いてくる。ちらりと前を確認すると、五郎くんが大きな声で笑いながら話しているし、ふたりには聞こえない距離だ。

「それがいろいろあってさ。しばらく行ってない。てかもう行けないかなあ」

「ちょっと何よ？　いろいろあったって。あんたまさか……」

「いや、ないよ。ないんだけど……あったとしても凜子のせいだから」

わたしは思わず呟いた。凜子が拓己さんの店に来た夜、混乱したわたしはひとりカラオケに行って、それで終電を逃して手をつないで……。

「は？」

「なんでもない。店に行けないっていうのは、この前うちの店でイベントがあったときに拓己さんが自分の店で打ち上げやろうって言ってくれたんだけど、そのイベントが失敗してね。わたし、打ち上げなんかに行く気分じゃなくなっちゃって、行かなかったんだ」

「それで気まずいってわけか」

「まあ、そんなとこ」

「じゃあもういいんじゃない、行かなくて」

「うん……でも、謝らなきゃな、とは思ってて」

わたしの言葉に、凛子がうーん、と考え込んだとき、

「おーい、女性陣、着いたぞ！」

五郎くんの声がした。春樹が木戸を開けて待っている。

「お、春樹くん、レディファースト？　さすが社会人だね」

「それはどうも」

春樹は笑いながら、さあどうぞ、と凛子とわたしを先に通す。

「それにしても五郎くん、この木戸通れる？」

「あのさ、凛子ちゃん、さっきから口悪いよ？」

「何よ、さっきからって」

わたしは五郎くんと凛子を見た。

「いや、俺たち偶然同じ電車でさ。だからずっと話しながらきたんだけど、凛子ちゃんは相変わらず俺をいじめるわけよ」

そう言いながら、五郎くんはなんとか木戸を通ってくる。なんかいいな、この感じ。そう思いながら店に入っていく。夜の部は5時からなので、店内はまだすいていた。一番乗りのわたしたちは奥の4人掛けの席に座り、さっそく日本酒で乾杯し、一品料理をいくつか注文する。

「それにしても今日みんな空いててよかった〜。わたしが休める日に合わせてもらっちゃうから申し訳なくて」

みんなは土日が休みだけれど、わたしだけが変則的だ。

「その気になればすぐ集まれるってことだよね」

「ホントホント」

隣り合った凛子と五郎くんは、メニューを見ながら頷き合っている。

「ふたりとも土日の予定ないもんな」

春樹が言う。

「ひとことよけいだよ。やさしそうな顔して、相変わらず棘あるね」

凛子が言う。

「凛子ちゃんに言われる筋合いはないと思うけど」

春樹が笑う。

「なになに、凛子ちゃん美人なのに相変わらずフリー?」

「それこそ、五郎くんにだけは言われる筋合いはないと思いますけどねっ」

冗談めかして笑っている凛子が、実は何度か不倫の恋に落ちたことをわたしは知っている。

凛子は、大学時代もアルバイト先で出会った10歳年上の人と恋に落ちて苦しみ――その人は婚約者と凛子の間で揺れた挙句、結局婚約者を選んだ——。ここ数年も、シンポジウムで出会った妻子持ちの大学教授とつきあっている。

その先に幸せはあるの？

そう問いかけたい気持ちはいつもある。でもなかなか口に出せない。

「でもいいよね、凛子はやりがいのある仕事に就いてさ。それを言ったら五郎くんもそうだし、春樹だってそうだよね」

わたしは敢えて話題を変えた。

「千尋ちゃんは違うの？」

五郎くんが尋ねてくる。

「わたしは……なんだろうな。美大に行きたい夢もどうせ駄目だって、受験もしないであきらめたし、就職もいきたかったところは全部ダメだったし、なんかすべてほどほどのところで納得してる感じなんだよね」

「いいじゃん。その分、彼氏はほどほどのところで納得したわけじゃないんだから、ねえ？」

凛子がわたしと春樹を順番に見る。わたしの方は、ちょっと意地悪そうに、だ。

「だよなあ。こんなに長くつきあえる相手とめぐりあうってなかなかないもんな」

五郎くんもわたしたちを見る。

「わたしたちなんて、なんとなーく始まった感じだけどね。しかも、うどん研究会から」

わたしが言う隣で、春樹は笑いながら頷いている。

「最初はなんとなくでも、こんなに長く続いているんだから本物だったんだよ」

「仕事だってそうかもよ？　最初はなんとなく始めても、もしかしたら千尋の天職なのかも。だって千尋、漫画好きだし、今は責任ある立場なんでしょ？」

五郎くんと凛子がそう言ってくれるけれど……。

「いやあ、でもこの前、ちょっと仕事で落ち込むこともあってさ」

わたしは、先日のイベントのことを話した。

「そのコメンテーター知ってる、俺。ここ何年かよくテレビ出てるよね」

「わたしわりと好きだったのになあ、ハタダユイ。それはちょっと空気読めてないね」

五郎くんと凛子が頷き合う。

「あの人と凛子ちゃんが対談したら面白そうだけどな」

「わたしは毒舌を出しちゃいけないところはわきまえてますから。傷つきやすいっていうか、打たれ弱い人にはやさしく接してます」

「俺だって傷つきやすいんだからやさしく接してよ」

五郎くんのその言葉は完全に凛子にスルーされた。

「ハタダユイさ、必死で毒舌キャラアピールしてのし上がってきたんだろうね。鋭いこと言って注目されようとしてさ」

凛子が言う。

「そうだろうなあ。それでここのところ売れてきて、ちょっと調子に乗っちゃったっていうか、はき違えたっていうか。凛子ちゃんがさっき言ったように、切り込んでいいところと、そうじゃないところとをちゃんと見分けないとなあ」

五郎くんはそう言って、日本酒の追加お願いします、と、奥さんに声をかける。

「そういう人っていつか自分も痛い目にあうよね」

これまで黙っていた春樹が口を開いた。

「そういえば去年、うちの中学の2年生の女子の間でもめごとがあってさ。凛子ちゃんにもずいぶん相談に乗ってもらったよな」

「ああ、あれね。ものすごい女帝タイプの女の子がいたんだよね」

「そうなんだよ。言葉で人を傷つけるタイプの子でさ、頭抱えてたんだよ。でも、2学期から転校してきた子がカッコいいタイプの女の子で」

「帰国子女の子だったんだよね」

「そうそう。女帝よりもっとはっきりしてて『あなたのやってることはみっともない』って一蹴されて。それからはずいぶん女帝も変わったよ」

「うまくいったケースだよね」

「あのときはいちいち凛子ちゃんに報告して、アドバイスお願いしてたよな。女の子の気持ちわからないし、凛子ちゃんに話聞いてもらって、ホント助かった」

「五郎くんが初めて副担任で持ったクラスだったもんね。思春期の子たちは難しいよ」

「……さすが中学の先生と、スクールカウンセラーだなあ」

わたしは凛子と五郎くんの会話を聞いて、すっかり感心していた。

「え、どしたの、千尋ちゃん。今さら知った?」

「何それ、あんた、バカにしてる?」

五郎くんと凛子がわたしを見る。

「違うってー。尊敬してるんだよ！」

ねえ、春樹。わたしは春樹の顔を見た。

「たしかに、教育に携わってるって尊い職業だよね。その人の人生に大きく影響することもあり得るわけだし。ところで五郎、生徒にゴリラとか呼ばれてんじゃないの？」

春樹が言い、五郎くんに「うるさい！」と一喝される。

「ゴリラっていうか……あだ名つけるとしたら熊五郎？」

「ピンポーン。凛子ちゃん、よくわかったね」

「それしかないじゃん。わたしが中学生でもそう呼ぶよ」

「あーそうですか、そうですか」

五郎くんと凛子のやりとりは学生時代のノリそのものだ。みんなでひとつのテーブルを囲むと、あの頃にタイムスリップしたような感覚に陥る。でも、あの頃より10年分、経験を積んで、いろいろなことを感じて、学んで、傷ついて、立ち止まって、乗り越えてきたわたしたちが、こうして向き合っている。

「春樹はどう？　大きな仕事やってるんだろ？　N駅前再開発のプロジェクトだっけ？」

五郎くんが春樹に尋ねた。

「うちの会社が市民ホール設計のコンペティションで勝ってさ。年明けからはそっちの仕事で忙しかったけど最近ようやく落ち着いたかな。でもコンペティションに勝ったおかげで注目されて、けっこう仕事増えてきた」

「へーえ、よかったな。春樹個人ではコンペティションに応募したりしないの？」

「今はまだ会社の仕事で手いっぱいだけど、いずれはしていこうと思ってるよ」

「春樹くんはどんな建物の設計がしたいの？」

凛子が尋ねる。

「もともとは天文台の設計がしたくてこの仕事を目指したんだよね」

「そうなの？」

わたしは思わず声を上げた。

「何？　千尋、春樹くんの夢、知らなかったの？」

凛子が目を丸くする。

「いや、俺も今、凛子ちゃんに聞かれて20年ぶりぐらいに思い出した」

春樹は笑っている。

「おまえって昔からときどきロマンチストだよな」

五郎くんが言い、ふたりは合宿の日に星を見た話で盛り上がり始めた。わたしは、テーブルの上に置いたスマホをちらりと見た。そこには、つきあい始めてすぐの夏、春樹が自転車旅行のお土産に天文台で買って来てくれた、かに座のストラップがついている。携帯を何度か機種変して、スマホになってからはイヤホンジャックにつけかえて、そしてスマホを何度か機種変しても、ずっとつけている。そんな安物いつまでもつけておかなくてもいいのに、と春樹は笑う。でもわたしはガラスの部分が曇っても、そのままつけ続けていた。最初はダサいと思ったストラップだけれど、いつのまにかわたしのお守りのような存在になっていた。

「あーあ、わたしもがんばらなきゃだね」

わたしはつぶやいた。

「何よ、がんばってるじゃん」

「千尋ちゃんの仕事は可能性が無限だよね」

「たしかに、自分でいろいろ仕掛けられるし、反応もダイレクトだしね。千尋、ポップ描くのも楽しそうだしさ」

凛子と五郎くん、そして春樹が言う。

「あー、ポップね。イラスト描くのは好きなんだけど、いいキャッチコピーが浮かばなくてときどき春樹に相談に乗ってもらってるよね」

「わかるわかる。春樹って理系のくせに妙に文系チックなところもあるんだよな。不思議な奴」

五郎くんはさっきから日本酒を水のように飲んでいるけれど、まったく酔わない。

「千尋は売り場の責任者なんだから好きなことやっちゃえば。SNS活用する手もあるし、今度は自分でイベント企画してみるっていうのもありなんじゃないの」

「そうだよね。凛子たちと話してたらやる気出てきたよ」

「凛子先生は名カウンセラーですから」

「黙れ、熊五郎」

「やめてくれよー、傷つきやすいんだから」

そう言いながらも五郎くんは、みんな、シメのそばにいく前にもうちょっと食べるでしょ？

と、メニューをめくりだした。

帰り道、凛子と五郎くんを駅まで送った。

「あのふたり、夫婦漫才みたいだったな。またなんか言い合ってるよ」

凛子が五郎くんの背中を叩き、大笑いしながらホームに続く階段を上がって行くのを見て、春樹が言う。

「なんだかんだ、実は昔からすごく仲いいんだよね」

「あのふたりがくっつくっていう可能性はないのかな」

わたしたちは踵を返して、家までの道を歩き出す。

「100パーない、って、凛子は断言してたよ」

「うわ、せめて99パーセントにしてあげてくれよ」

「五郎くんはどうなの？　いい人いないの？」

「どうなんだろう。男同士あんまりそういう話しないからなあ。でもさ、俺、凛子ちゃんと五郎くんって本気で似合うと思うんだけどなあ」

「並んで歩いてると父親と娘みたいだけどね」

そう言ってから、ハッとする。年上の男性に惹かれてきた凛子に、五郎くんは悪くない相手だ。凛子が幸せになれる人を見つけられるといい。わたしは空を見上げた。

「あれ？　今日は北斗七星見つけられないなあ。この前、空を見上げたらすぐ見つかったのに」

「この季節は南の空がきれいだよ。木星とか火星が大きく見えて」

「えーと、今、西口から出てまっすぐ歩いてきたわけだから、南は……どっちだ？」

わたしは空を見上げてきょろきょろと首を動かす。

「方角オンチだなー。あっちが北で、こっちが南」

「しょうがないじゃん。地図の読めない女なんだから」

「スマホのマップ見てもたどり着けなくて映画の時間に間に合わなかったもんね」

「それはもう忘れてよ。ね、今日の月、レモンみたいな形だね」

「この前満月だったから、欠けていくところだね」

「欠けていくところかぁ。じゃあちょっと縁起はよくないかもだけど、南千尋、今日の月に誓います。仕事がんばるぞー！」

酔いにまかせて、叫んでみる。

「何、何？　月に吠える、ってやつ？」

春樹は笑っている。

「だってみんな自分のやりたいことと、自分ができることを、ちゃんと仕事に生かしてるじゃない。わたしだけちょっと出遅れてるなって」

「そんなことないと思うけどね」

「わたしも、誇りの持てる仕事がしたいなと思って」

「誇りかぁ」

「みんなと話してたら、猛烈にそう思った。それに……マリちゃんも誇り持って仕事してたよね。最高にカッコよかった」

「そうだね」

「マリちゃん、春樹の作った建物見たいって手紙に書いてたよね」

「そうだな、俺もしっかりしなきゃだ」

「春樹はちゃんとやってるじゃん。とにかく、わたし、がんばるから！」

「そっか。千尋がそう思うなら、がんばれー！」

春樹も珍しく、声を上げた。

「ふたりでマリちゃんに胸張れる仕事しよう！」

「おーっ！」

ふたりで月に向かって握りこぶしを突き上げる。

「あ、お巡りさん来た」

通りの向かい側から、パトロール中の警官が自転車で走ってくるのが見えた。

「やべやべ、変な人かと思われる」

わたしたちは顔を見合わせ、肩をすくめた。


翌週、わたしは仕事帰りに望美ちゃんと駅前のカフェで向かい合っていた。今夜は食事をしに行くことになっているけれど、カフェの前を通りかかったときに『季節限定　タピオカココナッツラテ』という看板に惹かれ、入ってしまった。

「で、なんで行かなかったんですか、打ち上げ」

望美ちゃんは、カフェのテーブルで向かい合うわたしに問いかけた。

「なんでって……。もしも望美ちゃんがわたしの立場だったら行く気になる？」

「う～ん、どうだろう。拓己さんのお店でにぎやかに飲んで忘れちゃえ、って思うかもしれないですけど……でもなあ。あの明るさがキツイといえばキツイかも」

「でしょ？」

「でも先輩だって、このままでいいとは思ってないわけですよね？」

「……謝りたい、とは思ってる」

「近いうちに行きましょうよ。わたしもつきあいますから」

「え～、どんな顔して会ったらいいのかわからないもん」

「わたし、あの店好きなんですよね。おいしいし、落ち着くし。これからも行きたいなあ」

「わたしだって行きたいけどさあ」

「じゃあこれから行きましょう」

望美ちゃんが立ち上がる。

「どこに？」

「拓己さんのとこ」

「は？　今日はイタリアンにしようって言ってたじゃん」

「気が変わりました」

望美ちゃんは立ち上がり、ドリンクのプラスチックカップを捨てに行こうとする。

「え～、ちょっと待って。わたしまだタピオカ残ってるんだから」

「あともうちょっとじゃないですか。早く吸い上げてください」

望美ちゃんがわたしを急かす。

「拓己さんに会ったらなんて言ったらいいの？」

「そんなこと自分で考えてくださいよ。子どもじゃないんですから」

「やっぱり『ごめんなさい』かな？」

「今、あれこれ考えても無駄。出たとこ勝負です」

望美ちゃんはさっさと出て行ってしまった。

「ちょっと待ってよー」

わたしは情けない声を上げながら、望美ちゃんを追いかけた。

「先輩、入りますよ」

望美ちゃんはわたしが逃げないように腕をつかみながら、もう片方の手で店のドアを開けた。

「いらっしゃいませー」

入った途端、レジカウンターにいた拓己さんと、すぐに目が合ってしまった。

「おお、望美ちゃん、千尋ちゃん……あ、来てくれたんだ」

新規2名様〜、と声を上げ、拓己さんはフロアの店員を呼ぶ。

「今日、団体のお客さんが入ってて、カウンターしか空いてないけど、いい？」

わたしたちにカウンター席を案内し、拓己さんはすぐに厨房に戻っていく。

「今日は忙しそうですね」

「ホントだね。でもちょうどいいかも」

わたしたちは飲み始めた。

「たしかに、リハビリにはちょうどいいですね」

「リハビリって」

わたしは生ビールのジョッキをぐいっとあおる。拓己さんは厨房で料理を作り、団体客に呼ばれては話をしに行ったりと、相変わらず気持ちのいい働きっぷりだ。時おり、わたしと望美ちゃんにも話しかけてはくれるものの、お互いに、地雷を踏まないように気をつけながら会話を進めていた。なんだか、よそよそしい空気が流れているような気がする。

「わたしはね、このお店おいしいから、これからもずっと先輩と来たいと思ってるんですよ」

「そりゃわたしだってそうだよ。拓己さんはうちのお店のお客さんでもあるわけだし」

でも、もう二度と元には戻れない……ていうか、わたしと拓己さんの『元』っていったいなんなんだろう。ちょっと自分を気に入ってくれている店員と、いい気分になっていた客。結局はその程度に過ぎない。そんなことを考えていると、望美ちゃんのスマホが震えた。

「あ、涼から電話だ」

「いいよ、出なよ」

「すみません」

望美ちゃんは立ち上がり、店の外に出た。

「千尋ちゃん、おかわりいいの?」

「え?」

気が付くと、カウンター越しに拓己さんがいた。

「あ、ああ、じゃあビールで」

「はい、1番カウンター、生一丁!」

拓己さんが店員に声をかける。

「あの、拓己さん、この前は……」

わたしは思いきって口を開いた。

「この前？」

「イベントの日……」

「ああ、別に気にしないで。俺が勝手にやったことだし」

「でもせっかく拓己さんが打ち上げしようって言ってくれてたのに、ごめんな……」

「だから謝らなくていいって。あの日のお客さんの中に、みさき書店さんのイベント行ってからうちに来てくれたお客さんがいてさ。その人から事情聞いた」

「そうなんですか？」

「俺、自分はこんな性格だから、飲んで騒いで忘れちゃえ！　っていうタイプだけど、そっとしておいてもらいたい人もいるよね。そういうことわからないとダメだな、って気づいた」

「拓己さんの気持ちはすごく嬉しかったんです。でもイベントがあんな展開になって、わたし、ものすごく落ち込んじゃって……。そうじゃなければ喜んで飲みに来てたと思います」

それは本当の気持ちだ。もしイベントが成功に終わったら、ここに来て、拓己さんが集めてくれた橘頼子ファンの人たちと楽しい夜を過ごしたことだろう。

「そう言ってもらえて安心したよ。はい、じゃあ握手」

カウンターの中から手を伸ばしてきた拓己さんと握手をして、微笑み合う。この微笑みで、わだかまりと同時に、魔法がとけた。いろいろな意味で揺らいでいた私たちの関係は、正常に戻る。居酒屋の店員と、客。そしてあるときは書店員と客。わたしたちの関係はそれ以上でも以下でもない。お互いにそれを確認する微笑みだった。

数日後の夜、わたしは画用紙とマジックを前に、頭を抱えていた。明日新刊が発売されるコミックのポップを作らなくてはいけないのだけれど、いいキャッチフレーズが浮かばない。

「どうしたの？　あ、またポップ？」

お風呂上がりの春樹に声をかけられる。

「そう。全然いいフレーズが浮かばなくて。前、春樹にも考えてもらったりしたよね」

「あれは山登りの漫画だったしね。俺も愛読者だったから。今回のはどういう漫画なの？」

「謎解きモノっていえばいいのかなあ。今わりと売れてるみたいなんだけど、わたしあんまり得意分野じゃないし。ざっと読んでみたんだけど面白さがわからなくて。今、検索してその漫画のレビューとか読んでたんだけど、やっぱり自分がいいと思わないと書けないんだよね」

わたしは、そのコミックの名前を挙げた。

「それ読んだことある。面白いよ」

春樹が声を上げた。

「え、春樹が？　あんまり好きじゃなさそうだけど」

「会社のそばの定食屋に置いてあるから行くたびに読んでたよ。最初は設定がまどろっこしいから、俺もあんまり面白いと思わなかったんだけどさ。読んでるうちに、この話が終わるまで読もう……って、読んじゃうんだよね。で、昼休みの時間があと5分余ってると、よし、あと

5分でもう1話読むぞ、ってダッシュで読んじゃったりして」

「へえ、どこが面白いと思った？」

「あの漫画ってさ、細かく伏線張りすぎてるから、最初はいまいちわかりにくいっていうか、設定を追うので精一杯になっちゃうんだよ。だから感情移入しにくいんだよね。でも1話読み終わったときに、そのすべての伏線がカチッとハマった爽快感っていうのかな。あれがもうたまらないんだよ。わかりにくいからって、途中で放り出しちゃう人はもったいない。結末がわかってからの二度読みもおすすめ」

「なるほどねえ」

「俺も一緒にポップ考えてあげようか？」

「ううん、大丈夫。今、話してもらったことをヒントにして、できそうな気がしてきた！」

とりあえず今、聞いたことをざっとスマホにメモしておく。明日は早めに行って事務所でポップを作成しなくては。


1週間後の朝、ご飯を食べながら、わたしは春樹に報告をした。

「この間話した漫画なんだけどね。ポップがすごく評判いいの。足止めてポップ読んでから手に取ってくれるお客さんも多くて。上司にもほめられたし、自分的にも大満足なんだ」

「よかったじゃん」

「うん、でもね。春樹に聞いた言葉でまとめたんだよ」

『あと5分、あと5分。ページをめくる手が止まらない！』と目立つように大きな文字で書き『あまりにも細かく張り巡らされた前置きに、最初は読みづらさを感じるこの作品。でも、ラストまで読んでみてください。散りばめられた伏線はすべて回収されます！　その爽快感を知ったら、あなたはもう著者の術中にまんまとハマっています。さらに……』と、敢えて長めの文章を書いてみた。

「ま、結局は春樹に聞いたことを組み立てなおしただけだから、著作権は春樹」

「役に立ったならいいよ」

「でね、春樹、見にきてよ。ポップだけ撮影してラインで送ろうかと思ったんだけど、せっかくだからコミックと一緒に売り場に並んでるところ見てほしいの。わたしが描いたイラストもなかなか好評なんだよ」

春樹はわたしの店に2、3回しか来たことがない。でも今回のポップは見てほしかった。

「じゃあ見に行くよ」

「ちょっと遠回りかもしれないけど」

「それがそうでもないんだよ。いい道見つけてさ」

「え、うちの店のそば、通るの？」

事務所に自転車で通っている春樹は、わたしの書店に寄って行くと遠回りのはずだ。

「……あ、うん、ときどき帰りに通ってたから」

「なんで？　買い物？　だったら……」

「最近は回り道しないけど、前に早くあがれたときとか、千尋の店の前通って帰ったりした」

「全然知らなかったんですけど。なんで言わないの？」

「自転車で寄り道して帰るの好きだから、そのついでっていうか……わざわざ言うほどのことでもないと思って」

「そうかもしれないけど、だったら寄ってくれたっていいのに」

「いや、元気なの確認したかったから」

「え、どういうこと？」

「風邪気味のときとか、大丈夫か気になってのぞいたりさ」

「もう！　今度もし寄ったらちゃんと店に入ってきてよ！」

怒ったふりをしながらも、心配してくれたんだ……と、心が温かくなる。

「今週、千尋のシフトは？」

「ええとね、水曜日と金曜日以外は遅番だから閉店までいる」

「じゃあなるべく今週中に行くようにするよ」

「うん、無理しなくていいけど、来られたら見に来てね」


梅雨の晴れ間の木曜日、春樹は閉店間際に店に来てくれた。そして、家でうどんを作って待っていてくれた。

「うわあ、冷やしほうとう、久々だね」

「冷蔵庫にあったもの適当に使って作ってみた」

「家にあるもので作るなんて、ベテラン主婦の域に達してるじゃない」

ふたりで向かい合って、いただきます、と両手を合わせる。

「最近、仕事めっちゃ気合入ってるじゃん」

「これといった特技もないし、春樹も五郎くんも凛子もみんな資格を持ってるのに、わたしだけ何もないからせめて気合入れないとね。春樹もこんな早く帰ってくるの久々だよね」

「年明けから少し前までは忙しすぎたな。好きな仕事だし、楽しいからいいけど」

「そういえばね、フェイスブックでつながった書店員さんがいてさ。うちよりもっと大型書店の文芸担当の人なんだけど、その人は、出版社の営業の人に声かけられて、新人作家さんを売り出すためのプロジェクトに参加したんだって」

「へえ」

「いつかはわたしもそういうことができたらうれしいな。橘先生のイベントもいつかまた、今度はわたしが納得するかたちのものをやりたいし」

「よけいなコメンテーターなしでね」

「もちろんだよ！　そのときは進行役もわたしが担当するもん！」

イベントで落ち込んでいたわたしを待っていてくれた晩以来、お互いに忙しい合間を縫って春樹と飲んで話をする機会が増えた。やっぱり春樹といる時間と空間は、わたしにとって大切なものだと実感する。

「そういえばポップ、どうだった？」

「よかったよ。絵もいいけど、俺、千尋の書き文字が好きなんだよ。絵と文字とのバランスもよかったし」

「そうなの？　もっと早くほめてよー」

「ずいぶん前に言ったと思うけどな。昔、ふたりで交換日記みたいな本書いてたことあったじゃん？　あのときだな」

「げ」

ほうとうがのどに詰まりそうになる。

「ほら、あれ、なんていうんだっけ。千尋が買ってきてさ」

「……『LOVERS，DIARY』？」

「あー、それそれ。あれ、どうした？　捨ててないよね」

「……実はさ、何か月か前、クローゼット整理してたら出てきたんだよね」

仕方がないので、白状する。

「え、ホント？」

「……うん」

「うわ、俺どんなこと書いてたっけ」

「春樹はわたしに強制されてやってただけだからさ。たいしたこと書いてないから大丈夫だよ」

ひたすら恥ずかしいのは、わたしだ。

「見せてよ」

「えー、やだよ」

「いいじゃん。クローゼットだっけ」

春樹が立ち上がろうとする。

「わかったよ。持ってくるってば」

わたしはしぶしぶクローゼットから『LOVERS，DIARY』を持ってきた。

「見せて見せて」

手を出している春樹に渋々渡すと、テーブルの上でめくりだす。わたしは恥ずかしいから、食器を洗うために席を立った。

「あ、このページとかさ。イラストと字の感じよくない？」

春樹がわたしのところまで『LOVERS，DIARY』を見せにくる。

【219　異性の親友を恋人に紹介できますか？】のページに、五郎くんと凛子の似顔絵と『ふたりの親友！　頼りがいのあるみんなのお父さん、五郎くんと、クールな凛子姫です！』と、文字が添えられている。

「五郎、そっくりだよな。ほとんどゴリラ」

「わたし、そんな悪意持って描いてないからね」

「凛子ちゃんもよく特徴つかんでる」

「あー、この頃の凛子、ショートカットだったわ、懐かしい」

「宝塚の男役みたいだったよね」

「ここも絵が描いてある」

次に春樹が見せたのは……。

【239　いつかふたりで住みたい部屋を、絵に描いてみましょう】のページだ。そのページは、わたしと春樹がふたりでソファに座っている絵で独占されている。

「うわ、猫脚のソファに猫脚のサイドテーブルだ。わたしってこんな趣味だったっけ？」

描かれているのはアンティーク調の家具だ。

「これ見てけっこう俺、感動したんだよね」

「なんで？」

「俺だったら、家とか部屋とか言われたら上から見た図を描くだろうから」

そう言いながら、春樹はどんどんページをめくろうとする。

「もう終わり！」

わたしはタオルで手を拭いて『LOVERS，DIARY』を素早く取り上げた。

「えー、なんでだよ」

「いいの。とにかくおしまい。ほら、先にお風呂入って」

わたしは春樹の背中を押した。そして春樹がお風呂に入ったのを確認して、本をクローゼットにしまいなおした。


翌日、望美ちゃんと夜ご飯を食べに行くことになった。望美ちゃんがあっさりしたものを食べたいと言うので、わざわざ電車に乗り、バイキング形式の自然食の店に来た。

「すごくいいお店。先輩よく知ってますね～」

バイキングの列に並びながら、望美ちゃんは店内をキョロキョロ見回している。

「一緒に住んでた伯母さんがすごく自然志向でね。連れてきてもらったことあるんだ」

「あ、それって春樹さんとも仲良かったっていう伯母さんですね……あ、そうだ。先輩、春樹さんとシンガポール行くんですか？」

温野菜を取りながら、望美ちゃんが聞いてくる。

「は？　シンガポール？　なんで？」

「春樹さん、昨日お店来たじゃないですか？　シンガポール特集の雑誌とガイドブック、買って行きましたよ」

「え、そうなの？　何も言ってなかったな」

「じゃあサプライズだ。今年の夏休みに連れて行ってくれるんじゃないですか？」

「サプライズ？　ないないない。そういうタイプじゃないから」

「そう見せかけて、実は……とか」

「ありえないって。たとえサプライズするとしても、春樹だったら秘湯巡りとか、そんな感じかな。わたしたち海外に行ったことないんだから」

これまでだって、わたしたちの旅行といえば香川にうどんを食べに行ったり、春樹が小学校のときから好きだった姫路城に行ったりとか、そんなところばかりだ。しゃれたところやテーマパークに関心のない春樹とは国内の渋い場所しか行ったことはない。そんなことを話しながら、席に戻る。

「じゃあ新婚旅行で計画してるとか？」

「うわ、それこそありえない。望美ちゃんって想像力豊かだよね」

「いや、実はわたし……」

望美ちゃんが、真面目な顔でわたしを見た。

「な、なに？」

「結婚することになって」

「えーーーーーーーっ」

わたしは、店中に聞こえるほどの声を上げてしまった。

「先輩ちょっと、ボリューム下げてくださいよ。それが、できちゃった結婚で……」

「う、うそ」

結婚、そして妊娠。望美ちゃんの口からあまりに予想外のワードが一気に飛びだしてきたので、わたしの思考がついていかない。

「今、3か月なんです。予定日は12月なんで、11月半ばから産休に入りますけど、よろしくお願いします」

望美ちゃんは今日、上司たちと話をしてきたそうだ。

「もしかして、あっさりしたものが食べたいのも、妊娠したから?」

「そうなんですよ。油モノとか食べたくなくなっちゃって」

「相手は涼さん……だよね?」

「あたりまえじゃないですか」

望美ちゃんと彼が出会ったのはたしか去年の夏の終わりぐらいだったはずだ。あれからまだ1年も経っていない。

「一緒に暮らし始める少し前に妊娠していたみたいなんです。今考えると、綾美が大学生になってこっちに出てきて、4月からわたしと入れ替わりにあの家に住むことになったこともちょうどよかったなあって」

「そっか。もし綾美ちゃんこっちに来なかったら、望美ちゃんが結婚すると真ん中の妹さんがひとり暮らしになっちゃったってことだもんね」

「そうなんですよ。あの家にひとりになっちゃうと、家賃がキツイから引っ越さなきゃならないじゃないですか。それがなくなったんでよかったです。タイミングがよかったっていうか」

「タイミングかぁ……」

わたしと春樹にタイミングがあったとしたら、一緒に暮らし始めた、あのときだったのかもしれない。

「おめでとう」

「ありがとうございます」

「望美ちゃんに先越されちゃったなあ」

「わたしも結婚するとは思ってませんでしたよ。友達の中でも一番早いんですけど、もうすぐ25なんで、それほど早いってわけでもないんですよね」

「たしかに」

「涼、貧乏だし気が利かないタイプだと思ってたんですけど、高級レストランでプロポーズしてくれたし、この間、指輪も買いに連れて行ってくれたんです。だから春樹さんだって何かサプライズを用意してくれてるのかもしれませんよ」

春樹にかぎってそんなことはない。ないと思うのだけれど……。心の中でかすかに期待する気持ちが芽生えていた。

第10章　2017年　夏

「この恋は、あなたをどんなふうに変えましたか？」

望美ちゃんが妊娠して、結婚する。

春樹がシンガポール特集の雑誌とガイドブックを買った。

望美ちゃんとの食事を終えて家まで帰る道中、わたしの頭はそのことでいっぱいだった。

「ただいま」

玄関を開けると、ハチが寄ってきた。

「ハチ、遅くなってごめんね。今、ごはんあげるね」

大手術をしたとは思えないほど、ハチはすっかり元気になっている。ただ、入院前に比べると、だいぶ性格が穏やかになった。以前は明らかにわたしのことを自分より下に見ていた様子がうかがえたけれど、退院後はわたしにも素直に甘えてくるし、膝の上に乗ってきたりもする。あのとき具合が悪いことに気づかず、病院にも一緒に行ってあげなかったことを思うと、わたしは申し訳ない気持ちでいっぱいになる。

お皿にキャットフードを入れてあげると、ハチは素直に食べ始めた。その小さな口元を、じっと見つめる。

春樹からは夕方、『今日は遅くなる』スタンプが送られてきていた。このスタンプは一緒に暮らし始めた頃『家族連絡用スタンプ』で検索して、わたしが見つけてダウンロードし、春樹にプレゼントした。ほかには『今、会社出た』とか『ご飯どうする？』『帰り、買い物ある？』などもあって、とても便利だ。

『家族連絡用』という響きがくすぐったかった。いつかは家族になるのだろうという、甘い期待に満ちた、余裕がある時期だった。

でも同棲も4年目に突入して、お互いに忙しくなって『ごはんいりません』『先寝るね』のスタンプをやりとりするすれ違い生活が続いた。

両親は結婚の報告を待っている。それはわかっていた。でもわたし自身はどうしたいのだろう？

もう最初の頃の甘い期待はすっかりしぼんでしまい、このまま結婚しても今までと同じ生活が続くだけだと達観していた。じゃあこのままでいいかといえばそういうことでもない。

職場で結婚情報誌を見たり、幸せそうな家族連れに絵本売り場を聞かれたりするといいなあと思うし、結婚に縛られずに女性も自分らしく生き生きと！　と謳うエッセイ本を見れば「やっぱりそうよね」と思うし……。今日もこうやって望美ちゃんの結婚報告に動揺している。

「あー、わたしって結局いったいなんなんだろう！」

ソファにどさりと座り込む。

「タイミング、かぁ……」

さっき望美ちゃんといたときに発したのと同じ言葉を、ひとりつぶやいてみる。ソファから立ち上がり、クローゼットを開けて『ＬＯＶＥＲＳ，ＤＩＡＲＹ』を手に取った。この前、春樹に見せてからは、クローゼットのひきだしの奥ではなく、棚の上にポン、と無造作に置いてあった。

ソファに戻ってめくってみると……。

【204　もしふたりが結婚したら。変わること、変わらないことはなんでしょう】

千尋『春樹となら、おじいちゃんとおばあちゃんになっても仲良くできると思う！』

【255　長続きのコツはなんですか？】

千尋『まだ長続きしてないからわからないけど……ここまで続いたのは、春樹がやさしくて我慢強いからかな。感謝してます！』

【286　恋愛から結婚へのステップには、何があると思いますか？】

千尋『えー、何があるんだろう。まだわからないけど……。やっぱり千尋しかいない、って思ってもらえたら……そのとき？』

もう、この頃になると春樹は『そうだね』とか『千尋と同じということで』としか書いていない。

「まだ若かったからこんなこと言えたんだよなあ……」

恋が始まったばかりのあの頃のわたしは、片思いの男の子の苗字に自分の名前をあてはめてときめいているような中学生と変わらなかった。

【345　この恋で一番泣いたときのこと、おしえてください】
【350　言葉とカラダ。今、ほしいのはどっち？】
【362　これから、どんな試練があると思いますか？】
最後の方になってくると、千尋もだんだん書かなくなっていた。泣くことなんてほとんどなかったし、「カラダ」とか「ほしい」とか、そういう言葉を見るだけでも恥ずかしかったし、試練なんてまだ想像もできなかった。

「そうだ！」

春樹が昨日買ったというシンガポール特集の雑誌とガイドブックはどこにあるのだろう。寝室のベッドの脇にある本棚と、リビングの本棚の両方を探してみたけれど、どこにもない。会社に置いてきたのだろうか。

「ねえ、ハチ、なんなんだろうね。シンガポール」

毛づくろいをしているハチに声をかけてみる。ハチはちらりとこちらを見た。

「今年の夏休みに連れて行ってくれるのかな。でもシンガポールって春樹らしくないよね」

春樹とふたりでシンガポール旅行。なかなか想像しにくいけれど、それもいいかな。わたしの誕生日も来月だし。20代最後の誕生日だから、やっぱりサプライズかな、と心が弾む。シンガポールといってもわたしには水を噴き出しているライオンしか思い浮かばないけれど、何か春樹にとっては特別な思いのある魅力的な国なのだろうか。

「サプライズだとしたら、黙ってた方がいいよね」

ハチにしつこく話しかけていると、迷惑そうな顔をされてしまった。

「さて、お風呂入らなきゃ」

望美ちゃんの突然の結婚話を聞いたショックもあったし、とりあえず頭の中をリセットしよう。わたしは立ち上がった。


そろそろ7月だというのに、雨の日が続いて、洗濯物がたまっていく。たまっていく洗濯物と比例するように、わたしの心にももやもやとした思いがたまっていく。春樹はいったいいつシンガポールのことを言い出すのだろう。聞きたい気持ちを抑えながら、数日が経った。でも何も言ってこない。

まさか、ひとり旅をもくろんでいる？　1泊程度の自転車旅行なら時おりひとりで出かけていく春樹だけれど、まさかわたしを置いて海外にいくなんてありえない。

そろそろわたしの誕生日。それについても何も言ってこないけれど……。


6月の終わりのある日、R書房の営業担当、中島さんがやってきた。R書房は大手出版社ではないけれど、コミックはよく売れている。中島さんは同世代の女性で、仲良しだ。

「南さん、どうもお久しぶりです。今日は来月発売される『ブルーライン物語』のことでお願いがあって来ました」

「『ブルーライン物語』、知ってますよ。先日、新聞の夕刊でも紹介されていましたよね」

タイトル通り、横浜の市営地下鉄沿線に住んでいる主人公の日常を描いた物語で、最初はツイッターで発表していた作品が評判になり、今回コミック化されることになった。著者は現役の女子大生だ。

「横浜近辺の物語ですし、ぜひこちらでも目立つ場所に置いていただけたらと……」

中島さんはわたしに本を渡して帰っていった。


その夜、遅くなって帰宅した春樹に、わたしはその日のできごとを話した。

「へえ。イマドキはツイッターから人気が出てデビューするなんていうパターンもあるんだね」

春樹は風呂上がりのビールを飲みながら言う。

「今っていろんなアプローチの仕方があるんだなあって、少し考えさせられた。わたしもさ、細々とでもいろんなこと発信していこうっていう気持ちが必要なのかも。ポップ描くことひとつにしてもさ。決まった仕事をこなすだけじゃなくてもっと積極的に……」

「そういえばさ、千尋、来週って七夕の日が休みだって言ってたよね」

突然の春樹の問いかけに、まさかシンガポールのお誘い？　って、休みは1日だけなのに、そんなわけはないか。わかっていながらもドキリとしてしまう。

「俺も休み取ったんだ」

「うん」

ますます、心臓が高鳴ってくる。

「でさ、日帰りで静岡行かない？　大学生の頃自転車旅行で行ってさ、気に入った天文台があって。七夕の夜は観測会があるんだ。調べたら電車で1時間半でさ。駅からは歩くと3、40分かかるんだけど、天気が良ければ途中で富士山が見えるから歩くのもよさそうなんだ。雨ならタクシーで行けばいいし。夜も10時過ぎまで電車あるから」

「もしかして、わたしがスマホにつけてるストラップ買って来てくれたところ？」

「うん。1日遅れちゃうけど、誕生日のプレゼントも兼ねて。観測会は夕方からだから、その前に遊ぼうよ。調べたら地元の食材を使ったレストランもあるからさ、そこでご飯食べて。あとケーブルカーもあるみたい。雨だったら温泉施設もあるみたいだからさ、けっこう楽しそうなんだよ」

「行きたい！」

「よかった。じゃあ7日は1日空けておいて」

「最近ふたりで遠出してなかったもんね。楽しみ！」

シンガポールじゃなくて静岡だったけれど、じゅうぶんサプライズだ。

「まだ梅雨明けてないけど、なんとか晴れてくれるといいんだけどな」

「てるてる坊主作ろうかな」

「ずいぶん古いこと言うね」

わたしと春樹は笑い合った。

本気でてるてる坊主を作ったわたしの願いが通じたのか、7月7日は見事に晴れた。小さな駅で電車を降りて、天文台に行く細い山道を上って行くと、富士山が見えてきた。

「うわあ、やっぱりいいなあ、富士山」

空気を思いきり吸いこんで、伸びをする。

「そういえば千尋のお父さんが、富士山は山梨県側から見た方が断然きれいだって言ってたよね。甲府盆地から見上げる富士山がいいって」

「お決まりの富士山論争ね。ああ、そういえばそろそろ桃を送ってくれる頃だなあ」

そんなことを言いながらのんびり歩いていると、小さな天文台が見えてきた。

「変わってないなあ。あのときは自転車で走ってたらこの天体観測ドームが見えたんだよね」

春樹は懐かしさに目を細めている。

「かなり人里離れた場所にあるね」

「うん。自転車で走ってなかったら気づかなかったよ」

観測会まではまだ時間があるので、とりあえずご飯を食べて、ケーブルカーに乗って、温泉施設にも行って……と、思いきり楽しんだ。そして夕方、観測会に参加して外に出ると……。

「うわあ」

外には星空が広がっていた。

「すごいでしょ。実際に空見た方がすごいんだ」

春樹とわたしは天文台の前のベンチに腰を下ろした。

「ええと……」

わたしはさっき観測会で習った知識を生かして空を見上げてみる。

「あっちが東だから、あれが夏の大三角形だ。ということは織姫と彦星だね。天の川は……あ、なんとなく見える！」

「今日は七夕だから会えてるんだ」

「昔さ、わたしが自分の誕生日が七夕の1日前で中途半端だって言ったら、春樹、やけにロマンチックなこと言ったよね」

「そうだっけ」

「織姫と彦星が1年に1回会える日の前の日だから、1年で一番わくわくする日じゃん、みたいなこと言ってたよ」

「そんな恥ずかしいこと言った？」

「言ったよー。春樹ってときどきやけにロマンチックだって、五郎くんも言ってたじゃん。思えばあの日から始まったんだよねー。わたしの20歳の誕生日に学食で会ってさあ……」

「ねえ、千尋？」

春樹がわたしの言葉を遮って、真剣にこちらを見ている。

「ん？」

「俺ね、仕事でシンガポール赴任の話が出てるんだ」

「……え？」

見上げていた星空が真っ暗になったような錯覚に陥り、しばらく言葉が出てこなかった。

「うちの事務所、今、いろいろなところから声がかかってるんだけどさ。今度、シンガポール複合施設のプロジェクトに携わることになって。それで俺にどうかって」

「どうか、って、つまりそれは、春樹にシンガポールに行ってほしい、ってことだよね？」

「うん」

「春樹の気持ちは？」

「チャンスだから、行ってみたい」

「……って、春樹の中ではもう、決めてるんじゃゃん。わたしに話す前に、もう答えは出てたんでしょ？　これは単なる報告ってことだよね」

「そうじゃなくて……もっと前から話そうと、思ってた。何度も」

「ウソばっかり」

「ウソじゃないよ。でも、最近の千尋、仕事がんばるって言ってたから……」

「そうかもしれないけど、だからってそんな大事なこと！」

「……ごめん」

「わたしたちのことは、どうするの？」

「とりあえず3年なんだ。そのあいだの俺の分の家賃は、振り込むよ。俺が向こうで住む家は会社が借りてくれてるから家賃はかからないし、給料は今よりもずっとよくなるから……」

「そういう問題じゃないでしょ！」

思わず苛立った声を上げてしまう。天文台から出てきた家族連れが驚いているけれど、かまわない。

「判断は、千尋に、まかせる」

「まかせる？」

「千尋がもし、別れたいって言うなら、それは仕方がないっていうか……」

「なんでいつもそうなのっ！」

わたしはさらに声を張り上げた。

「春樹はどうなのよ？　シンガポールに行きたい。そのほかのことはわたしにまかせる。何よそれ！」

「俺は……別れたくはない。でも、遠距離になっても別れないでいてくれとか、3年も待っててくれとか……それは言えない」

しばらく沈黙が走った。

「言えないんだ」

「言えないでしょ」

「一緒に来て、とは思わなかったの？」

「それも、迷ったんだ。でも千尋も仕事がんばってるから……。俺の仕事のために千尋に犠牲になってもらうわけには……」

犠牲。なんなんだろう、その言葉は。さっき観測会で、高速回転する星空を見たけれど、わたしの頭の中は、今まさにそんな状態になっていた。

「……わかった」

春樹がシンガポールに行ってしまう。とりあえずその事実だけは、わかった。

「うん」

「それで、いつ行くの？」

「来週末」

「え……」

再び、言葉を失う。

「ハチのことは、千尋の負担になるようだったら、実家にあずかってもらうこともできるから
そうする」

そんなことを言われても、頭が回らない。

「ハチは、大丈夫」

「置いていってもいい?」

「ハチまでいなくなったら、わたし、ほんとうにひとりじゃん!」

わたしは声を上げた。

「……ごめん。てか、ありがとう」

「何よ、それ」

「ハチと一緒にいてくれて」

自分はわたしと一緒にいてくれないくせに。そう言いたい気持ちをどうにかこらえる。

「でも千尋が旅行に行くときとかは、ハチのことはアネキに連絡して」

「……わかった」

「ほかのこともアネキに頼んでおく。俺の荷物も邪魔だったら全部実家に運んでもらうし、もし千尋があの部屋から引っ越したくなったら、そういう手続きとかも全部アネキに言えばいいから」

「どうするかは自分で決める。今は急にいろんなこと言われたって、わからないよ」

足元を見つめ、小石を蹴とばす。

「……全部、千尋の好きなようにしてほしい。俺は何も言えないから」

「……わかった」

わたしは立ち上がった。それからタクシーと電車で家に帰る間、わたしたちは何も話さなかった。


やさしくしたい。もっとそばにいたい。残り少ないこの部屋での日々を大切に過ごしたい。でも、何も話してもらえずにいきなり置いていかれる悔しさもあって、複雑な気持ちのまま1週間が過ぎ去った。シンガポールに送ったり、実家に送ったり、と、春樹の荷物は部屋からほとんどなくなった。いつの間に買ったのか、大きなスーツケースが玄関に置いてある。

「明日、朝イチで出るね」

「……うん」

「今夜、千尋を抱きしめて寝てもいい？」

「……嫌だって言ったら？」

「嫌なの？」

「そんなわけないじゃん。どうして、そんなふうにいちいち聞くの？」

「そんなふうに、って？」

「わたしに聞かないで、春樹がどうしたいか言ってよ。そういうところ嫌い」

「……ごめん」

「……大嫌い！」

「……ごめん」

「……バカ！」

わたしは春樹の胸に飛び込んだ。


わたしはベッドの中でずっと泣いていた。

「千尋、ごめんね」

春樹がわたしを力強く抱きしめる。

「謝らないでよ。じゃあなんで置いていくの？」

「俺が置いていくとか、そういうことじゃないでしょ？」

「じゃあわたしが置いていかれることを選んだって言うの？」

「そうじゃなくて、だから……」

「あー、もういい！」

「……ごめん」

そんな会話を繰り返して、わたしは結局ほとんど眠れなかった。春樹もきっとそうだろう。

そして翌朝、春樹はそっとベッドを出て旅立って行った。悲しくなるから、わたしはベッドから出なかった。春樹が玄関のドアを閉めた音を聞き、タオルケットにくるまったまま声を上げて泣いた。泣いて泣いて、顔はパンパンだ。

でも、アラームが鳴って、わたしは起き上がる。さあ、出勤だ。水で顔を洗って気持ちを切り替えよう。

それから数日間は、どうやって過ごしたのか、あまり記憶がない。ただ、余計なことを考えないように必死で働いた。

「先輩、夕飯、一緒に食べて帰りませんか？」

望美ちゃんが心配して声をかけてくれる。

「望美ちゃん、早く帰った方がいいんじゃないの？」

「つわりもないし、もうすぐ安定期だし、大丈夫ですよー。おいしいもの食べに行きましょう」

仕事上がりの時間が一緒のときは、望美ちゃんが夕飯につきあってくれた。ひとりのときも、外でご飯を食べて帰った。家に帰って、春樹の食器やマグカップが目に入るのが嫌だった。

来週から1週間、夏休みだ。実家にでも帰ろうか。でも、両親に春樹のことを聞かれるかと思うと、気が重い。だからといってずっと部屋にいたら、頭がどうにかなってしまう。

「どこかにひとり旅でもしようかな」

そういえば、ひとり旅なんてしたこともないし、とくに行きたいところもない。結局、何も動けずにいる自分に愕然とする。

そんなある日の夕方――。

「五郎くんから聞いた」

「……へ？」

かがんで書棚を整理していたわたしが顔を上げると、凛子が仁王立ちしていた。

「今日、時間ある？」

「うん。6時上がり」

「わかった。とりあえず終わったら電話して。そのへんで時間つぶしてるから」

「……わかった」

終業後、わたしたちは近くの居酒屋で向かい合っていた。

「五郎くんから聞いたって……春樹のこと、だよね」

「そうだよ、昨日、別の用事で五郎くんとラインしてたら、春樹くんがシンガポール行ったっていうからびっくりして。慌てて千尋にラインしたのに既読にならないから、直接来てみたんだよ」

「あー、ラインくれてたんだ。ごめん、全然見てなかった」

「もう！　廃人になってるじゃん」

「そうかも。仕事があるからまだましだけど」

「じゃあまずわたしの話からしてもいい？」

「うん」

わたしが頷くと、凛子はビールジョッキをぐいっとあおり、テーブルの上に置いた。

「わたし、別れたから」

「別れた？　例の大学教授と？」

「そ」

「そ、って、ずいぶんあっさり……3年ぐらいつきあってたよね。いつ？」

「3日前」

「え、なんで？」

それがさ、と、凛子は話し始めた。

「ここのところ、カウンセリング室にしょっちゅう来てる中3の男子生徒がいてさ。珍しいんだよ、女子生徒は用もないのに来ることが多いんだけど、男子はあんまり来ないからね。で、その子がさ、家に帰りたがらないんだよね。で、よく話聞いたら、その子の父親が浮気しててね。母親が家を出て北海道の実家に帰っちゃったんだって」

「うわあ、それはまたずいぶん遠いな。中3ってことは受験もあるわけだし」

「そうなんだよ。母親と暮らすなら引っ越さないといけないからね。でも一番の問題は父親。浮気相手を自宅に住まわせてるらしいの。ご飯はその浮気相手が作ってくれるらしいんだけど、その子は食べたくないって」

「そりゃそうだよ」

「で、その話聞いてたらさ、わたし、自分のしていることがものすごく嫌になったの。自分のことしか考えてなかったなって」

「凛子は別に相手の家に行ってるわけじゃないじゃん」

「やってることは変わらないよ。わたしの相手にも、中学生の子どももいるし」

「……でも、よく思い切ったね。さすが凛子」

「そうだよ。わたしさ、大好きだった父親が早く亡くなったから、その影を求めて年上の人ばっかり好きになっちゃうんだと思ってた。でもさ、人の父親と恋愛して、何やってるんだって話だよ。凛とした女の子に、って名前つけてくれたの、父親なんだ。だから凛としてなきゃね」

そう思ったら急にバカバカしくなった、と凛子は笑っている。

「3日前に別れて、そんなに笑えるなんて強いなあ」

「なぜかちょっと前向きな自分がいるんだよ」

「前向きかぁ……。でもそうだよ、凛子はさ、そんなにきれいなんだし、もっといい恋愛ができる。しあわせになれる」

「千尋はどうなのよ？　次に行こうって思うわけ？」

「わたし？　わたしは……春樹とも別れたわけじゃないし……なんていうんだろ。わたしがしっかりして、決めていけばいいわけだからさ。仕事ももっとがんばらなきゃだし」

「本気でそう思ってるの？」

凛子が鋭い目でわたしを射抜く。

「そう思ってるよ。これからどうするか、いろんなことをきちんと考えていこうって」

「なんか中途半端に聞こえるけど」

「でも……行かないで、とは言えないじゃん。春樹のやりたいこと応援しなきゃだし、自分も今、仕事が楽しくなってきたところだから」

「で、この状況？　これでいいの？」

「だから……それをこれから考えて決めるんだよ」

「そんな悠長なこと言ってていいの？　今、どうしたいかでしょ？」

「だから……今は仕事がんばる」

「それが千尋のしたいことなの？」

「現実問題としてさ。職場の後輩が11月から産休に入るんだよ。だから今、辞めるわけにいかないし」

「辞めるわけにはいかないけど、もし辞められたら、辞めたいってこと？」

「いやだから仕事がんばらなきゃだし……」

「なんでがんばる必要があるのよ」

「だってそれは……」

わたしが口ごもったところに「よっ」と、五郎くんが現れた。

「遅いじゃん」

「テスト問題作ったりいろいろしてたらこんな時間になっちゃったよ」

五郎くんはあたりまえのように凛子の隣に腰を下ろす。

「あ、五郎くんも呼んだんだ。春樹くんの悪口言いたいって言うし、ね？」

「そうそう。アイツ、どうしようもないな」

とりあえずビール、と五郎くんは店員に声をかけた。

「五郎くんも来たし、食べものも追加しようよ。今日は高いもの食べよう」

「高いものったって、ここ、チェーンの居酒屋だけどね」

凛子と五郎くんはふたりでメニューをのぞきこんでいる。そこにビールが運ばれてきたので、食べものを注文して、わたしたちは改めて乾杯した。

「俺さ、今日、めっちゃムカついてるから。アイツ、シンガポール行くことひとりで決めて行っちゃったんだろ？」

「……うん」

「アイツが俺に連絡してきたとき、怒鳴りつけておいたからさ。千尋ちゃんにひとこと相談してから決めるべきだろって」

「そうしたらなんだって？　春樹くん」

凛子が尋ねる。

「言えなかった、って」

「言えなかったってどういうことよ？」

わたしのかわりに、凛子が五郎くんに突っ込んでくれる。

「『千尋は日本でやりたいことがあるだろうから』って、それだけ言ってた」

「何よ、それ。そうだとしたって、まずは言うべきでしょ？　相手に負担をかけないことがいいことだと思ってるみたいだけどさ、結局、あんたのやってることが一番、負担だっつーの！」

「凛子ちゃん、口悪いねえ。でもその通りだよな。アイツ、バカだよ」

「春樹くんって、典型的な男脳っていうかさ。なんていうんだろ。恋愛偏差値低いよね」

そういえば『LOVERS，DIARY』に【恋愛偏差値、ふたりはどれくらい？】という質問があったのを思いだす。たしかあのとき、わたしの偏差値は60台で春樹はその半分ぐらいだと書いたはずだ。

「今回のことでいちばん問題なのは、春樹くんがいなくなることで千尋がどんなに寂しいかを、春樹くん自身が察することができない、っていうことなんだよ」

「……まあな」

五郎くんが腕組みをして頷く。

「お互いの仕事だとかやりたいこととか、そういうことの前に、まず寂しいでしょ。悲しいでしょ。それを汲み取れなくてどうするっていう」

「なるほど」

「男脳ってさ、女脳と違って長い文章をキープできないんだよね。あと、五感で感じるのも苦手っていうかさ。だから話すのが上手じゃない人が多いじゃない？　春樹くんってその典型だな、って昔から思ってた」

「たしかにアイツの話っていつもぶつ切りっていうか……よく言えば削ぎ落とされたシンプルな表現っていうの？　そんな感じだよね」

「さすが五郎くん、褒めるのうまいね」

「生徒の長所見つけて褒めたり励ましたりしてますからね」

「……そういえば、春樹のお姉さんから聞いたんだけどさ」

わたしは口を開いた。

「冬美さんだろ。俺も春樹の実家行ったときに何度か会ったことあるけど、面白い人だよね」

「そう。冬美さん、春樹がシンガポール行った日に電話してきて、ものすごく謝ってくれたよ。『うちのバカ弟がごめん』って。『なんかあったら飛んでいくからすぐにわたしに連絡してね』

って」

「バカな弟を持つとたいへんだね」

「凛子ちゃん、春樹がバカなのはわかったから、とりあえず千尋ちゃんの話の続き聞こう」

「そうそう。前に冬美さんから聞いた話なんだけど、春樹ってさ、わたしとつきあう前の彼女と遠距離恋愛になって別れたんだよね。その彼女さんの将来のために、自分の存在は足かせになるんじゃないかって、さんざん悩んで別れたっていう話を冬美さんから聞いたことあるんだ」

「はあ？　なんだそれ。カッコつけてるんじゃないっつーの」

凛子がしらけた顔をする。

「それで結局は、元カノからの連絡絶っちゃったんだって」

「は、何それ？　サイアク」

「凛子ちゃん、抑えて抑えて」

五郎くんは凛子の肩をポンポン、と叩く。

「春樹はさ、その彼女とちゃんと話し合って別れた、みたいに言ってたんだけどね〜」

「春樹くんは話し合ったつもりだってこと？　でも相手は納得してないっていう……。うわあ、ダメだな、あの男！」

そう言いながら凛子はビールを飲もうとしたけれど、もう空だった。凛子は「もらうよ」と、五郎くんのジョッキを持って、勝手にゴクゴク飲んでいる。

「おかわり頼もうか？　千尋ちゃんは……おかわりはまだいい？　てか、ほとんど口つけてないじゃん。ビールはともかく、ちゃんと食べなきゃダメだよ」

五郎くんはそう言いながら、自分と凜子のためにおかわりのビールを注文した。

「そうだよ、千尋。ちゃんと食事してるの？」

「それは大丈夫。職場の後輩も気を使ってくれてさ、お昼にわたしの分もお弁当買ってきてくれたり、夜ご飯も誘ってくれたりして」

「それならいいんだけど」

「俺、思うんだけどさ」

突然、五郎くんが身を乗り出して言う。

「春樹と千尋ちゃんって、お互いのことをわかりすぎてて、動けなくなってるんじゃないの？」

「どういうこと？」

わたしは尋ねた。

「うまく表現できないんだけど……。凜子ちゃんお願い」

「は？　急にこっちにふらないでよ。五郎くんの考えてることを代弁できるわけないじゃん」

「凜子先生、そこをなんとか」

「う〜ん、さっきも言ったけど、春樹くんは典型的な男脳の持ち主だし、千尋は完全な女脳の持ち主だし……。長年つきあってきて、相手の出方とかわかりきっちゃってるからさ。自分がこう言ったら負担に思われるかな、とか、理解されないかな、とか、頭でっかちになっちゃってるのかもね」

「……たしかに、それはあるかもしれない」

春樹がシンガポールに行くことを理解してあげるわたしでいたかったし、仕事をがんばるわたしの姿を見せたかったたし……。離れたくないという気持ちをぶつけることができなかった。

わたしはひとつ、ため息をつく。

「男と女ってさ、しょせんわかりあえない生き物で。でもだからこそ惹かれあって一緒にいるんだな。無理にわかりあおうとしなくてもいいのにな」

五郎くんの言葉を聞いた途端、わたしの胸の中で、何かがパンっと音を立ててはじけた。

「やだ、五郎くんの恋愛論とか聞きたくないんですけど。あてにならなそうだし」

「あー、はいはい」

「何よその態度。人に代弁させておいて」

凛子と五郎くんは相変わらず言い合っている。

「ありがと。凛子も、五郎くんも……うぅ……」

こらえていた涙がこみあげてくる。

「ほら、タオル」

凛子がバッグからハンドタオルを出して、わたしの隣の席に回ってくる。

「カウンセリングしてると泣き出す子とかいるからさ、常に何枚か持ち歩いてるんだ。まだまだあるから、いくら濡らしてもいいよ」

凛子がわたしの肩に手を回す。

「もっと大きいタオルがよかったら、俺も持ってるぞ」

「五郎くんのはおっさんくさいでしょ」

ふたりが言い合いをしていてくれるおかげで、わたしは遠慮なく泣くことができた。

「……ありがと。ホントにありがと」

わたしはタオルに顔を押しつけて、声を上げて泣いた。


その晩、ふたりはわたしを家まで送ってくれた。

大丈夫だと断ったのに、五郎くんは「そんな状態でひとりで帰せるわけないだろ」と言い、凛子には「中途半端に大丈夫だって言うのやめなさいよ。どうせ大丈夫じゃないんだから」と、幼なじみの舞に言われたのと同じようなことを言われてしまった。

マンションの前でふたりにお礼を言って手を振り、部屋のドアを開けた。するとそこには、ハチがいた。

「ハチ、ただいま」

ご飯が食べたいからだとはわかっていても、玄関にいてくれたことがなんだか嬉しい。

「ハチだって寂しいよね」

自分で言った言葉に、また鼻の奥がツンとしてくる。ハチにご飯をあげて、部屋着に着替えるためにクローゼットの扉を開けると、棚の上に無造作に置いてあった『LOVERS' DIARY』が目に留まった。今はもう見たくもない。ひきだしの奥にしまおうと思って、手に取った途端に落としてしまった。途中のページで開いた状態で拾い上げながらちらりと見ると、春樹の文字が飛び込んできて……。

「え、何、どういうこと?」

当時は書いていなかった後半のページに、いつの間にか春樹が書き込んでいた。

ベッドの上に座り、おそるおそる読み始める。

【287　仲間たちのなかで、あの人はどんな存在ですか？】
『千尋と、五郎、凛子ちゃん。4人で会う空間と時間。すごく好きだった。思い出すだけで心が温かくなるし、笑顔になる。でもそれはもちろん千尋がいるからで。五郎と凛子ちゃんと話している千尋を見ていることが幸せだった。かけがえのない時間ってこういう時間なんだなって、実感してた』

【291　あやまっておきたいことは、ありますか】
『今こうして、夜中にこれをひとりで書いていること』

【294　思い出は、どこにしまっていますか？】
『胸の中に全部しまってある。3年間、小出しにして、取り出して……がんばってくる』

【299　本当は、少し無理してることはありますか？】
『シンガポールでひとりでも大丈夫だって、思いこもうとしてるところ』

【301　あなたがひそかに恐れているのは、どんなこと？】
『千尋と会えなくなること。でもまたいつか会えると嬉しい、なんて思ってるのは、自分勝手

すぎるな。春樹はいつも勝手でしょ、って、千尋に怒られそうだ』
【317　一年後の今日、どんなふたりでいたいですか？】
『千尋がしあわせでいてくれたらいいと思う。これは心からそう思ってる』
【325　結婚まで10歩だとしたら、ふたりは今何歩まで来ていますか？】
『そうだなあ……あと1歩ぐらいのところまで来て、ここのところ、ずっとそこにとどまっていたのかな……』
【332　1分間、あの人を見つめてみましょう。……新しい発見はありましたか？】
『今、寝てる千尋を見つめてみた。いつもと変わらない。頭撫でたくなる寝顔。撫でてこよう』
【338　もしもあなたからプロポーズするとしたら。どんな言葉にしますか？】
『実は……千尋を駅で待ってた日、改札から出てくる元気のない千尋を見たら、衝動的に、千尋、結婚しようって言いたくなった。なんでだろう。傷ついている千尋を見るのは辛かったし、俺が守ってあげたいって、思った。でも、落ち込んでるときにそんなこと言うのは卑怯だなって思って、言葉を呑み込みました（笑）』
【345　この恋でいちばん泣いたときのこと、おしえてください】

『今かな。実は今、泣きそう。千尋に笑われそうだね』

【351　本当のあなたを、あの人は知っていますか？】

『本当の俺。知ってるよね。ぐるぐるうじうじ考えてる、小心者な、俺』

【357　思い切り叫びたい言葉を、ここに書いてみましょう】

『シンガポールに行きたい！　でっかい建物作りたい！　でも行きたくない！』

「バカ。だったら叫べばよかったじゃん……」

わたしは涙でぐちゃぐちゃになりながら言った。

【362　これから、どんな試練があると思いますか？】

『千尋に会えないこと、全部が試練。出会ってから今まで、長い時間会えないことなんてなかったから、初めての試練だ。想像もつかない』

そして、最後のページをめくってみた。

【365　この恋の続きは、どうなるのでしょう】

そこには……。

家の設計図が書いてあった。2階建ての家で、リビングと、対面式のキッチンがあって、吹き抜けがあって、春樹とわたしのそれぞれの書斎があって、ロフトが天文台になっていて……。

「これ……ふたりの家?」

もう、涙腺が崩壊して涙が止まらない。拭っても、拭っても、涙があふれてくる。気が付くと、いつのまにかそばにきていたハチが、涙でしょっぱいはずの手の甲を舐めてくれていた。

「ねえ、きっとハチのことも考えて設計してくれてるんだよ。ほら、ここの吹き抜けとか、らせん階段とか……」

ハチは一瞬わたしの顔を見て、それからまたざらざらした舌で、手の甲を舐め続ける。

「ハチ、わたし行ってくる」

タイミング。そうだ。望美ちゃんが言っていたように、物事が動くときには流れとタイミングがある。今がタイミングじゃなかったら、いったい、いつがタイミングなんだろう。

ここのところ、春樹との生活に、不満ばかりだった。

春樹とふたりで積み重ねた年月の大切さを見過ごして、新しいときめきを求めたり、何か別のはじまりを期待したり……。かと思えば仕事をがんばろうと意気込んでみたり……結局、何もかもが中途半端だった。くだらない。バカみたいだ。わたしは本当に浅はかだ。

そんなわたしが中途半端じゃないこと。どうしても手放したくないこと。それは……春樹だ。なんで気づかなかったんだろう。なんで叫ばなかったんだろう。

急いでパソコンを開いて調べてみると、1週間後に出発する航空券が取れそうだった。でも急な予約だし、ちょうど夏休みシーズンだし、しかも直行便だと往復の航空券はものすごく高い。わたしの1か月分のお給料が飛んでいってしまう。でも……。この際そんなことは言っていられない。

後のことは後で考えればいい。とにかく今は、春樹に会いたい！

「ハチ、お留守番しててね。応援してね」

すぐに冬美さんにラインして、ハチをあずかってもらおう。

わたしは購入ボタンをクリックした。


1週間後――。

『とりあえず5日間、シンガポールに行ってきます。はじめてのひとり旅。それも深夜便で。凛子、応援しててね。五郎くんにも伝えておいてね』

空港で凛子にラインを送って、スマホをオフにする。そして、搭乗口に向かった。

春樹には連絡はしていない。でも、会社で借りているマンションの住所は聞いているし、行けば会えるはず。先回りして心配するのはやめた。

足かせとか、犠牲とか、春樹がよくわからない理屈を言って、自分ではカッコよく姿を消したつもりでも、わたしはカッコ悪く、どこまでも追いかけてやる。

飛行機に乗り込み、チケットの番号を照らし合わせながら座席に向かう。窓側の席だった。もっと緊張するかと思ったけれど、意外にも気持ちは落ち着いていた。

春樹に会えたら、すぐに気持ちを伝えよう。

春樹がいなくちゃダメなこと。

足かせとか、犠牲とか、なんだそれ、くだらないぞ、ということ。

わたしの仕事を応援するとかなんとか言ってるけど、わたしがいちばんしたいことは、春樹のそばにいることなんだよ。そばにいたいんだよ？　わかってるの？　って。

それにもうひとつ、これも忘れずに伝えなくちゃいけない。準備期間が必要だから今回は無理だったけれど、ハチもシンガポールに連れてきて一緒に暮らすことだってできるんだよ、ということ。

だから次に来るときは、ハチと一緒に来るよ、ということ。

伝えたいことが多すぎて、今にもあふれてしまいそうだ。


いつのまにか、眠っていたみたいだ。目を覚まして何気なく窓のシェードを上げてみる。

「うわぁ……」

窓の外は星がまたたいていた。ブランケットをかぶって窓に近づいてみると、機内の光が反射することもなく、さらによく見える。

春樹にも見せてあげたい。

この気持ちも伝えなくちゃ。


夜が明けたらシンガポールに到着する。

わたしは夜空にまたたく無数の星を見つめていた。

NOVEL LOVERS' DIARY

小説ラヴァーズダイアリー

2017年　3月　1日　第1刷

企　画
PARCO出版

著　者
百瀬しのぶ

編　集
杉田淳子（ゴーパッション）／坂口亮太（PARCO出版）

デザイン
佐藤亜沙美（サトウサンカイ）

DTP
岩井康子（アーティザンカンパニー）

発行人
井上 肇

発行所
株式会社パルコ エンタテインメント事業部
〒150-0042 東京都渋谷区宇田川町 15-1
TEL 03-3477-5755

印刷・製本
図書印刷株式会社

ISBN978-4-86506-207-6 C0095
Printed in Japan

落丁本・乱丁本は購入書店を明記のうえ、小社編集部あてにお送り下さい。

送料小社負担にてお取り替えいたします。

〒150-0045 東京都渋谷区神泉町 8-16 渋谷ファーストプレイス パルコ出版 編集部